中国奶业

产业链供应链
高质量发展战略研究

国研网奶业高质量发展战略研究课题组　著

中国农业出版社

北　京

国研网奶业高质量发展战略研究课题组成员

课题组组长

王永胜　国研科技集团副总裁、国研大数据研究院副院长

课题协调人

耿慕溪　北京美约管理顾问有限公司首席顾问

课题指导专家

田杰棠　国务院发展研究中心产业经济研究部部长、研究员

课题顾问

毛学英　中国农业大学食品科学与营养工程学院教授、中国奶业协会乳品工业专业委员会主任

陈　娟　中国电子信息产业发展研究院科技与标准研究所副所长

课题编写组成员

王静丽　刘美婵　闫丁鹏　李娇　李静　余林　蔡培松　徐若璞

序言
PREFACE

　　泱泱华夏，千年农耕文明的沃土孕育了无数生命奇迹，而奶业作为现代农业的璀璨明珠，始终与国人的健康福祉紧密相连。从"一杯牛奶强壮一个民族"的朴素理想，到"奶瓶子"安全关乎国家战略的深刻认知，中国奶业历经风雨，浴火重生。在新时代，我国奶业产业链供应链的高质量发展，既关乎着每一滴奶的品质与安全，也关乎着亿万消费者对美好生活的向往。

　　回首过往，中国奶业产业链供应链的发展历程犹如一部波澜壮阔的奋斗诗篇。从上游的奶牛养殖，到中游的乳制品加工，再到下游的销售与流通，每一个环节都凝聚着无数从业者的心血与智慧。如今，我国已构建起较为完整的奶业产业体系，为推动健康中国建设作出了重要贡献，但发展过程中也暴露出一些亟待解决的问题。在上游，奶牛规模化养殖近年来得到了各级政府的大力推广，在万头规模以上牧场扩张的同时，如何保护中小奶农的切身利益、如何在养殖规模与成本效益之间构建一种动态平衡，需要在未来一个时期继续进行深入探索。此外，养殖技术的创新与推广仍需加速推进。在中游的乳制品加工环节，产量规模虽然已经非常可观，但在产品结构优化、深加工能力提升等方面仍有较大空间。我国婴幼儿配方奶粉及功能性食品产业发展迅猛，但乳清蛋白、乳铁蛋白等关键乳品功能性原料部分依赖进口，不仅增加了生产成本，更使产业链供应链的稳定与安全面临风险。人才总量不足、高层次人才匮乏等问题，也制约着行业的创新与发展。

放眼全球，奶业发达国家和奶业巨头的成功经验为我们提供了宝贵的借鉴。美国通过政策支持与技术创新，推动奶业规模化、标准化发展，实现了奶源的稳定供应与产品质量的提升。欧盟各国则注重奶业的可持续发展，将环境保护与奶业生产紧密结合，发展生态养殖，构建绿色产业链。新西兰以优质奶源和严格的质量监管体系闻名于世，其奶业发展模式强调从源头到终端的全程把控，确保每一滴奶都符合高品质标准。我国奶业的高质量发展离不开科技创新、产业升级与可持续发展理念的共同推动。

近年来中国奶业巨头在产业链供应链打造上实现了稳健追赶。比如，伊利集团通过构建全球创新网络，在欧洲、大洋洲、东南亚等地设立15个创新中心，推动全产业链的技术革新与模式创新。同时，率先推进数字化变革，构建供应链数据中台，实现与上下游合作伙伴的数据共享与协同，构建起全链数智化生态，极大地提升了供应链的响应速度与运营效能，为中国奶业的数智化未来树立了行业标杆。

展望未来，在国家政策的大力扶持下，中国奶业产业链供应链有望迈向更加辉煌的明天。我们期待，通过持续的科技创新与人才培养，攻克关键核心技术难题，实现从奶源到终端产品的全流程智能化、数字化管理，让每一滴奶都蕴含着科技的智慧与人文的关怀。我们憧憬，产业链上下游企业能够更加紧密地协同发展，形成利益共享、风险共担的产业共同体，共同抵御市场风险，提升产业的整体竞争力。我们渴望，中国奶业能够在国际舞台上绽放更加璀璨的光芒，以卓越的品质、丰富的产品种类，赢得全球消费者的信赖与喜爱，让"中国奶业"成为全球奶业版图中的一颗璀璨明珠。

今天的我们，既要有"十年磨一剑"的定力攻克种源难关，也要有"敢为天下先"的锐气开拓全球市场；既要守住"质量安全"的生命线，也要攀登"价值创新"的新高峰。相信在国家政策的春风化雨下，在无数奶业奋斗者的接续努力中，中国奶业必将跨越山海，让世界品味东方奶香的醇厚绵长。让我们携手共进，为推动中国奶业产业链供应链的高质量发展，书写更加壮丽的篇章！

国研网奶业高质量发展战略研究课题组

2025年3月31日

目录
CONTENTS

03 第三章 中国奶业产业链供应链解析 / 24

04 第四章 国内外环境变化对奶业产业链供应链影响分析 / 76

第五章　国外奶业产业链供应链发展经验借鉴　/109

第一章
对奶业产业链供应链的基本认识

中国奶业产业链供应链高质量发展依赖于奶业产业链供应链的现代化建设。奶业产业链供应链的现代化是推动农业高质量发展、保障国家食品安全的重要战略方向。本章从理论维度系统阐释奶业产业链供应链的内涵，剖析其多层级结构特征与协同运行机制，并结合中国奶业发展实际，论证其建设对宏观经济、现代化产业体系、食品安全、绿色发展及国际竞争力的战略意义。研究结果表明，奶业产业链供应链的优化升级须以全要素整合、全流程协同为核心，通过技术创新与制度创新双轮驱动，科技与品牌赋能，实现从"数量扩张"向"质量效益"的转型。

一、产业链供应链的理论概述

本小节基于价值链理论、资源基础观与复杂系统理论，构建了奶业产业链供应链的"理论—概念—机制"分析框架，揭示了其多层级协同与动态适应性的内在逻辑。

（一）产业链供应链的理论依据

1.产业集群理论

产业集群的现象在1890年马歇尔（Alfred Marshall）的著作《经济学原理》中就有论及，此后大量学者都对这一现象进行了深入研究，但明确的定义则是波特（Michael Porter）在《国家竞争优势》（1990年版）一书中提出的。

我国学者对产业集群的研究始于对国外相关文献的翻译与介绍，但迄今为止，产业集群的界定并未统一[①]。一般来说，产业集群是指某一特定产品价值链上的企业和机构在特定地理位置上的聚集体。

关于产业集群的研究理论众多，最早的是马歇尔的产业集聚理论，他观察到很多地区有大量小企业集聚的现象，并第一个提出了以外部经济与规模经济为聚集动因的企业集群理论。此后，以韦伯、胡佛和巴顿等为代表的学者提出的产业区位理论风靡一时。韦伯以工业区的研究为中心，试图寻找工业区位移动的规律，并判断影响工业区位的各个因素及其作用的大小。他在《工业区位论》一书中[②]，把影响工业区位的经济因素分为区域因素和位置因素。而胡佛在1948年出版的《经济活动的区位中心》一书中指出了区位化经济与城市化经济的区别。他认为，就任何一种产业而言，规模经济有三个不同的层次，包括单个区位的规模决定的经济、单个公司的规模决定的经济和该产业某个区位的聚集体的规模决定的经济[③]。1955年，佩鲁提出了区域增长极理论。他指出，通过产业关联、外部性及最终引起的产业聚集影响到经济的非均衡增长，"增长并非同时出现在所有地方，它以不同的强度首先出现在一些增长点或增长极上，然后通过不同的渠道向外扩散，并对整个经济产生不同的最终影响"。波特提出的竞争优势理论将产业集群理论的研究提升到了一个新的高度[④]。他在《哈佛商业评论》上发表了《企业集群和新竞争经济学》一文，第一次系统提出了以企业集群为主要研究目标的新竞争经济理论。波特认为，企业集群是集中在特定区域的在业务上相互联系的企业和相关机构，产业集群的形成受到四个基本要素（要素条件、需求条件相关及支撑产业、企业战略、结构与竞争）和两个附加要素（机遇、政府）的影响，由上述要素共同组成的这一模型也被称为"钻石模型"。在波特看来，产业集群是特定领域的相互联系的公司和机构在地理上的集中，它包含了一系列相联系的产业和其他对抗竞争的主体，与产业组织一样，它有一个产生、演化和消失的过程。

北京大学的王缉慈教授是我国较早且比较权威的产业集群研究学者，其著作《超越集群：中国产业集群的理论探索》一书系统梳理了波特"产业特质

① 马歇尔.经济学原理：上卷[M].朱志泰，译.北京：商务印书馆，1964：284.
② 阿尔弗雷德·韦伯.工业区位论[M].北京：商务印书馆，1997：121-130.
③ 埃德加·M.胡佛.区域经济学导论[M].北京：商务印书馆，1990.
④ 迈克尔·波特.竞争战略[M].陈小悦，译.北京：华夏出版社，1997.

集群"与意大利"新产业区"两大学派，结合中国实践提出本土化路径，强调需从区域社会网络、企业家精神及地方文化等维度深化集群治理研究。同时，她还特别强调产业集群的创新属性，提出产业集群需从依赖低成本的"生产集群"升级成以技术创新为核心的"创新集群"，强调创新是行为主体合作互动的社会过程，需通过制度创新和生态系统培育实现，而非单纯的地理集聚或产业链整合①。产业集群理论为我们研究不同国家、不同地区产业化发展的起因机理和生命周期提供了有力支撑，对于本书有很大的参考价值。

2. 产业组织理论

产业组织理论是以微观经济学为基础，重点分析企业的结构与行为、市场结构与组织、市场中企业之间的相互作用和影响，进而研究经济发展过程中产业内部企业之间的竞争和垄断、产业规模经济与效率的关系和矛盾，研究和探讨产业组织状况及其对产业内资源配置效率的影响，从而为维持合理的市场秩序和经济效率提供理论依据和对策途径②。现代产业组织理论主要包括哈佛学派、芝加哥学派和新产业组织理论学派。

哈佛大学的梅森（E. Mason）教授和其弟子贝恩（S. Bain）最早开展了关于产业组织的相关研究。1959年，贝恩的《产业组织》（*Industry Organization*）一书出版，第一次系统论述了产业组织理论的相关内容，标志着哈佛学派正式形成。哈佛学派认为，企业的市场结构、市场行为和市场绩效之间存在一种单向的因果联系，构建了著名的"结构—行为—绩效"（structure-conduct-performance，简称SCP）分析范式。哈佛学派建立的SCP分析范式，为早期的产业组织理论研究提供了一个基本的分析框架。

20世纪70年代，以斯蒂格勒（J. Stigler，1989）为代表的一些芝加哥大学学者对哈佛学派的观点展开了激烈批评，并逐渐形成了产业组织理论中的芝加哥学派③。芝加哥学派持经济自由主义观点，强烈反对哈佛学派以垄断竞争为前提的理论阐述，认为应该重视市场竞争机制的作用，相信产业组织能够通过自我调节能力作出正确的市场决策。他们还提出了以完全可竞争市场和沉没成本等为核心概念的可竞争市场理论。

---

① 王缉慈，等. 超越集群：中国产业集群的理论探索[M]. 北京：科学出版社，2015.
② 刘惠莹，林奇，范铁英. 产业组织理论的演进及其对我国产业结构调整的启示[J]. 广西大学梧州分校学报，2005(2): 13-15.
③ 牛晓帆. 西方产业组织理论的演化与新发展[J]. 经济研究，2004(3): 116-123.

20世纪70年代以来，随着市场经济的进一步发展，产业组织理论也经历了重大变化，博弈论和信息经济学等新的一系列理论逐步产生，并被引入产业组织的相关研究中，这就是新产业组织理论。以科斯（Ronald H. Coase）和威廉姆森（Oliver Williamson）为代表的新制度学派是新产业组织理论的重要学派，他们重视市场行为的重要性，坚持市场不完全的假定。科斯和威廉姆森开展了以交易费用理论研究"企业"存在和运行机制的研究，打开了"企业"这个黑箱，对现实经济现象的解释更为有力。

各个时期的产业组织理论依据不同的理论基础和研究方法，选择不同的研究重点，提出了不同的政策主张。产业组织理论的内涵和外延已经足够丰富，对于研究奶业的宏观演化和产业主体的微观行为都有重要的理论指导意义，是本书最为重要的理论基础之一。

3. 供应链管理理论

20世纪90年代起，供应链管理（supply chain management，简称SCM）成为学术界研究的一个热门领域。多数大型的跨国企业采用了这种新型的管理方法对企业进行管理，在采购管理和成本控制方面取得了一定的成效。

对于大多数企业来说，供应链管理基本由三部分组成：核心采购与供应管理，上游生产与下游运营管理，仓储物流配送管理。供应链管理的目的是通过优化与供应链相关的流程，使得三部分之间互相协作，使企业以最少的成本完成所有的流程，从而增加企业的利润。概括为一句话就是：以最低的成本和最高的效率满足客户的需求，对一系列中间过程进行有效管理，使其达到最优的状态。

对于企业来说，供应链管理优化最重要的方向是对企业的采购管理和仓储物流管理进行优化。其中采购管理包含采购计划管理和供应商管理两部分，仓储物流管理包含仓储管理和物流配送管理两部分。供应链管理不仅强调落地和执行，更强调各个环节的协同、计划和预测。只有统筹全局，协调部门之间的工作，使部门之间相互配合，才能优化供应链管理，使得采购成本与仓储物流成本之和最低，进而提高利润，使企业在竞争中处于不败之地。

（二）产业链供应链的概念界定

1. 产业链概念

深化对产业链的认识是研究中国奶业产业链高质量发展的前提。产业链属于产业经济学研究范畴，是指经济布局和组织中，不同地区、不同产业之间或相关联行业之间构成的具有链条绞合能力的经济组织关系。它包含四层含义：①产业链是产业层次的表达；②产业链是产业关联程度的表达，产业关联性越强，链条越紧密，资源的配置效率越高；③产业链是资源加工深度的表达，产业链越长，表明加工可达到的深度越深；④产业链是满足需求程度的表达。

奶业产业链涵盖多个环节，包括奶源供应、乳制品加工、终端销售等。各环节连接紧密，实现了从第一产业向第二、三产业的纵向延伸。它具有很强的联动效应，是相互促进、制约且紧密联合的健康产业集合体。整个产业链的主体包括奶农、企业和政府，其中，政府既是宏观调控者，也是奶农和企业的协调者，并通过流通商延伸到消费者群体。从产业链情况来看，奶源供应为产业链的上游环节，包括牧草种植、饲料加工、奶牛养殖、原奶生产等；中游环节为乳制品加工，将上游收购来的原奶加工为白奶、酸奶、奶酪、奶粉等各类乳制品；下游环节为品牌门店、商场超市、便利店等各类销售渠道，将乳制品出售给B端消费者用于制作风味咖啡、奶茶，或者出售给C端消费者以满足日常补充蛋白质等需求（图1-1）。

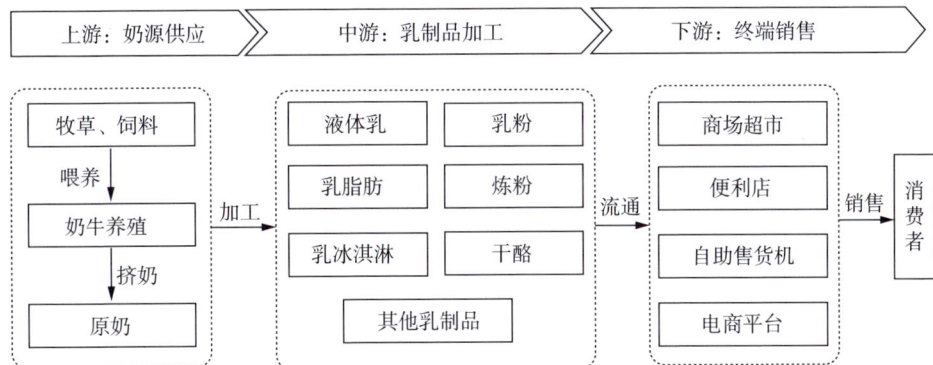

图1-1　奶业产业链结构

2. 供应链概念

供应链属于管理学的研究范畴，是从20世纪80年代开始被广泛使用的术语，最早开始于咨询业。对于供应链管理的定义，不同的学者有许多不同的表述。《物流术语》将供应链定义为：利用计算机网络技术全面规划供应链中的商流、物流、信息流、资金流等，并进行计划、组织、协调与控制[①]。其主要

[①] 中国国家标准化管理委员会.物流术语[M].北京:中国标准出版社，2006.

体现了企业在战略和战术上对企业整个作业流程的优化①。其强调企业对外部资源和环境的依赖性，以及通过外部资源的合理组织利用来获取持续竞争优势的可能性。供应链主要涉及四个领域：供应、生产计划、物流、需求。这种多方协作式的运作模式，对供应链中合作伙伴的选择提出了一些要求，包括合作伙伴必须拥有各自的可资利用的核心竞争力、合作伙伴必须拥有相同的企业价值观及战略思想、合作伙伴必须少而精等②。供应链管理是当前国际企业管理发展的重要方向，也是通过供应链控制乳制品质量富有潜力的应用领域。通过优化提高乳制品供应链的效率，在各环节加强预警，降低生产成本，能够提高奶牛养殖企业和乳制品加工企业的竞争能力。

奶业供应链是以核心企业为主，通过收购原料奶，将其送至乳制品加工企业，最后经由销售网络到达消费者手中（图1-2）。奶业供应链可分为三个主要环节，分别是：原料奶供应商、乳制品加工企业和乳制品分销商。原料奶供应商主要负责饲养奶牛并定期为乳制品加工企业提供原料奶；乳制品加工企业在验收过原料奶之后，经过特定的加工程序对原料奶进行加工，生产出乳制品；生产出的乳制品通过物流机构送至各分销商处并最终到达消费者手中③。

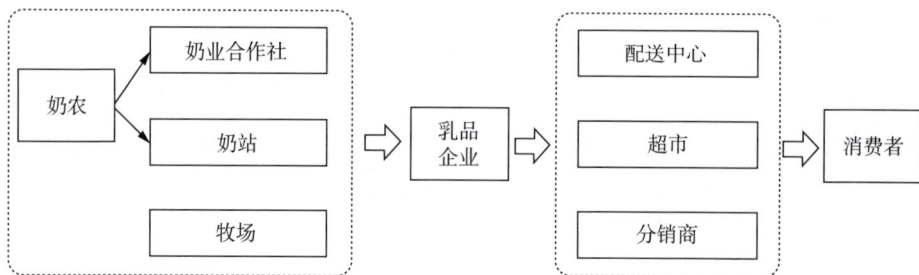

图1-2　奶业供应链结构

（三）产业链供应链的显著特征

1.与多链深度衔接的网络性
产业链供应链生态体系是一个复杂的系统网络，随着产业链供应链日益复杂，

① Ellraml M. Supply chain management: The industrial organization perspective [J]. International Journal of Physical Distribution and Logistics Management, 1991, 21(l).
② 朱道立,龚国华.物流和供应链管理[M].上海：复旦大学出版社,2002.
③ 张英.乳制品行业供应链管理研究[J].时代经贸,2016(21): 68-69.

链条变长，同一层级参与者增多，层级从原来的"供应商—制造商—经销商"三层结构扩展到"供应商的供应商、客户的客户"等多层结构。与此同时，产业链供应链参与主体也愈加多样化，除了上下游企业外，还包括提供支撑服务的参与者，涉及创新链、人才链、资金链、政策链等各个方面，如物流企业、仓储企业、第三方平台以及政府、金融机构、科研机构等。良好的产业链供应链生态体系，要求将各类主体参与的业务活动整合到一个统一的、无缝化程度较高的功能网络链条中。

2. 面对外部环境及时反应的敏捷性

在不确定的、持续变化的环境下，产业链供应链生态系统组成了一个具有竞争力的动态战略联盟，能够根据市场变化及时进行供需关系的重构，对市场需求、国际形势异动、供应链波动甚至政府决策作出快速响应。比如，在逆全球化和全球突发性危机等叠加冲击下，卡脖子风险和断供风险不断涌现，在此背景下拥有完善的产业链供应链生态体系，能够在面临风险冲击时快速作出调整，保持产业链的正常运转。

3. "链主"企业主导下的价值共创性

实现价值升级是产业链供应链生态系统的最终目标。产业链供应链生态系统内各异质性主体，基于各自需求、面向共同价值主张，进行价值共创。"链主"企业具有显著的生态主导优势，通过发挥其生态主导力，带动生态系统内各环节、各要素充分融合、高效协作，进而实现价值升级的整体目标。

4. 产业优化布局下的区域协同性

经济发展水平不同的地区或产业发展阶段不同的地区根据各自基础和优势，有侧重地选择发展特色产业，加快形成产业协同发展、错位发展的格局。良好的产业链供应链生态体系建立在区域协同发展、各地产业优化布局的基础上，通过区域统筹协作，充分发挥各自区位、劳动力素质、产业配套能力、科技研发等优势，加深产业间协作，促进形成因地制宜、区域联动、优势互补、互利共赢的错位发展新格局。

（四）产业链供应链的不同分类

结合已有理论和现实实践，分别总结了四种主要的产业链供应链分类方式。

1. 产业链分类

（1）依据行业属性分类

顾名思义，这种分类方式主要依据产业链中关键环节所属的不同行业类别进行区分。例如，奶业产业链、手机产业链、新能源汽车产业链、锂电池产业链、无人机产业链、机器人产业链、半导体产业链、稀土产业链等。这种产业链分类方式由于其命名方式简单易懂，在实践中的应用最为广泛。在科学研究中，这种分类方式能够直观反映出研究对象的特点，便于提出具有针对性的行业政策，具有较强的现实指导意义。

（2）依据发展动能分类

产业链依据其形成和发展过程的动能来源，可以初步从供需两方面划分为生产支配型和市场主导型。其中，生产支配型产业链是指整条产业链的发展动能受生产端支配，产品或服务的供给方具有强大的地位和强势的话语权。根据关键投入要素的不同，生产支配型产业链又可以分为资源推动型（图1-3）和技术驱动型（图1-4）两种。资源推动型产业链表现为上游企业在原材料、资金和劳动力等方面具有一定的垄断地位，通过向下游企业输出资源来推动产业链发展。常见的资源推动型产业链有石油产业链、核电产业链、贵金属产业链等。技术驱动型产业链主要表现为处于上游的企业自身不断实现科技进步，再通过向下游企业输出技术设备和高端人才的方式驱动产业链发展。常见的技术驱动型产业链有生物医用材料产业链、3D打印产业链等高技术产业链。

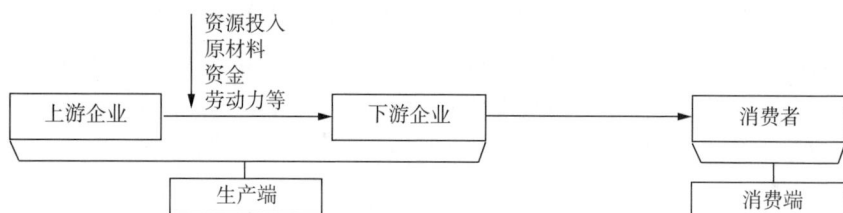

图1-3　资源推动型产业链

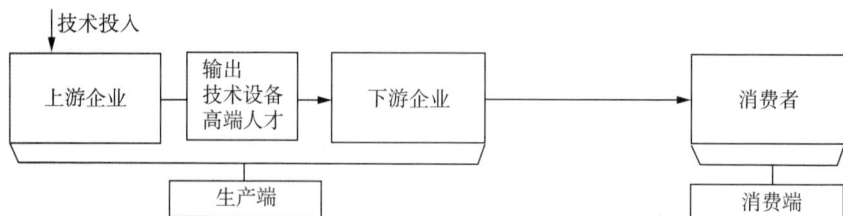

图1-4　技术驱动型产业链

与此相对，需求拉动型产业链（图1-5）是指需求方的利益成为产业链的核心，一切开发和生产都是围绕满足消费者需求这一目标展开。因此，需求拉

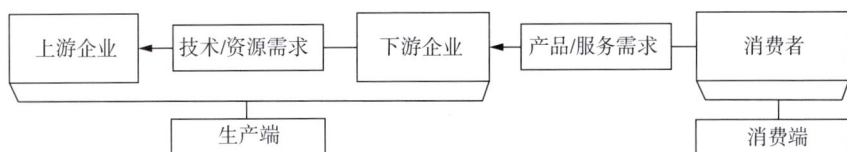

图1-5 需求拉动型产业链

动型产业链又可以称为市场主导型产业链，市场需求的增长速率和偏好变化引起产业链发展的速度和轨道发生变化。通过掌握产业链发展的动能来源，可以采取相应的促进措施或加大对应的要素投入，从而助力产业链发展。

（3）依据空间分布分类

按照产业链中企业涉及的地理位置，可以将产业链分为国际产业链、国家产业链和省际产业链三类。国际产业链中往往存在跨国企业或合资企业，链条中的关键环节在某一国家，而辅助节点则设置在其他国家，其产品主要通过出口的方式销往不止一个国外市场。国家产业链指的是所有设计、生产、装配和销售环节均在同一国家内实现的产业链，不存在进出口贸易。省际产业链则是指一条产业链上的企业处于某个或某几个省级行政区域范围内，涵盖范围较窄，但上下游企业间的联系相对紧密。

（4）依据关联秩序分类

按照产业链中企业的地位和企业之间的相互关系，可以将产业链划分为众星拱月式产业链、日月同辉式产业链和满天星斗式产业链。众星拱月式产业链（图1-6）表现为一家企业占据核心地位，对整体发展具有强大的影响力，而大量配套企业围绕核心企业展开生产活动，为其提供支持服务。

日月同辉式产业链（图1-7）中往往存在两个及以上的主要企业，这些企业之间联系紧密、地位相差无几，共同控制着整条产业链的生产发展，其他中小企业围绕其形成链条状或网络状依存关系。

满天星斗式产业链（图1-8）中汇聚着大批地位平等、体量相似的中小型企业，不存在核心企业。这种产业链结构呈现出高度分散特征，各企业之间通过灵活的合作和竞争关系维持产业链的稳定运作。

2. 供应链分类

（1）依据功能特性分类

按照供应链功能特性的不同，可以分为有效性供应链和反应性供应链。有效性供应链主要侧重于实现供应链的物理功能，即以最低的成本将原材料转

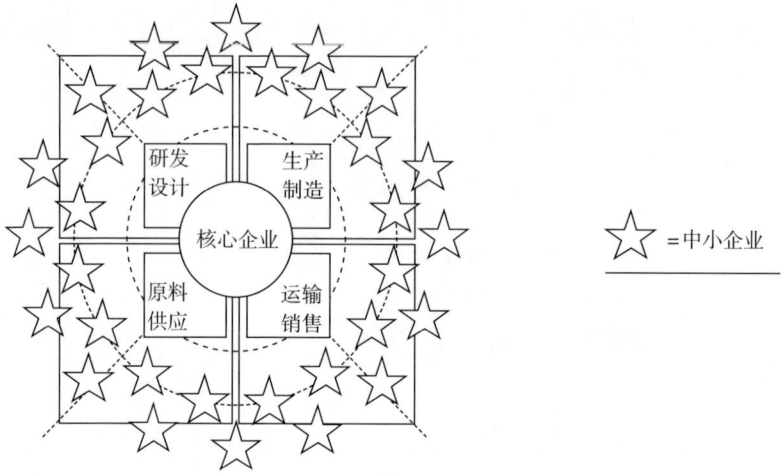

图 1-6　众星拱月式产业链

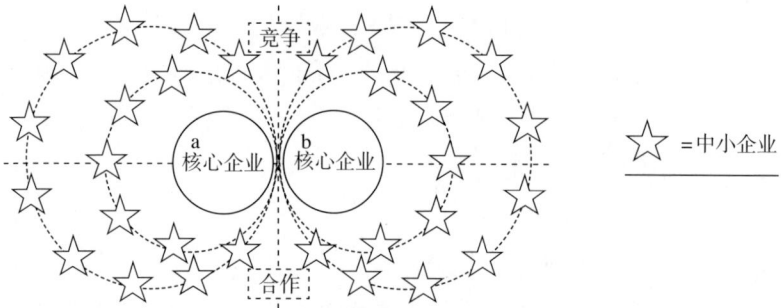

图 1-7　日月同辉式产业链

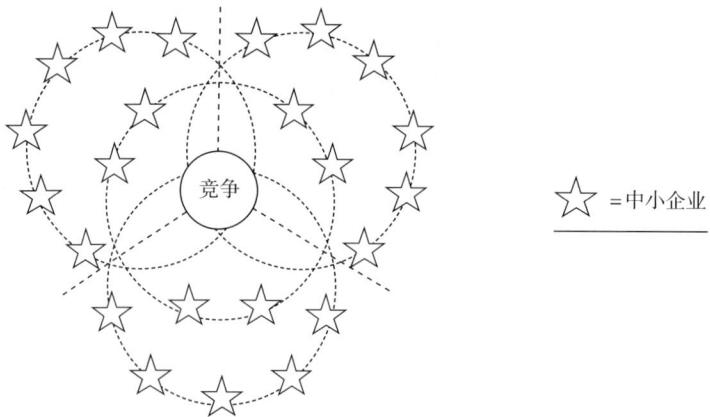

图 1-8　满天星斗式产业链

化为零部件、半成品和成品，并最终送到消费者手中。它追求的是高效的物料流转和成本控制，通常适用于需求相对稳定、产品生命周期较长、市场竞争主要基于价格和成本的行业，如日用品、食品等行业。反应性供应链更强调对市场需求变化的快速响应能力，其目标是尽可能快地对不确定的市场需求作出反应，满足客户的多样化和个性化需求。这类供应链通常适用于需求波动大、产品生命周期短、更新换代快的行业，如电子消费产品、时尚服装等行业。

（2）依据驱动方式分类

按照供应链驱动方式的不同，可以分为推动式供应链和拉动式供应链两种类别。推动式供应链是以生产为中心，企业根据对市场需求的预测来制定生产计划，然后按照计划进行原材料采购、生产加工等，一直到将产品推向市场。在这种供应链模式下，生产和配送决策主要基于对未来需求的预测，产品是被"推"向消费者的。传统的大规模生产型企业常采用推动式供应链，如一些大型的汽车制造企业。拉动式供应链则是以客户需求为驱动，只有当客户提出订单需求时，企业才根据订单进行生产和配送。它强调的是"按需生产"，生产和配送活动是由客户订单触发的，产品是被客户的需求"拉"动的。一些定制化产品的生产企业多采用拉动式供应链，如定制家具企业。

（3）依据产品特点分类

按照供应链产品特点的不同，又可以分为功能性产品供应链和创新性产品供应链。功能性产品通常具有需求稳定、可预测性强、产品生命周期较长等特点，如生活必需品。其对应的供应链注重的是成本控制、生产效率和产品质量的稳定性。其追求的是在保证产品供应的前提下，尽可能地降低供应链成本，提高供应链的整体效率。创新性产品往往具有需求不确定、产品生命周期短、更新换代快等特点，如智能手机、平板电脑等高科技产品。创新性产品供应链需要具备高度的灵活性和快速响应能力，以应对市场需求的快速变化和激烈的市场竞争。

（4）依据供应链范围分类

按照供应链范围大小的不同，可以分为企业内部供应链、产业供应链和全球供应链。企业内部供应链主要关注企业内部的采购、生产、销售等环节之间的物料和信息流动，将企业内部的各个部门和业务流程整合起来，实现企业内部资源的优化配置和高效运作。产业供应链是在一个特定产业内，由多个相关企业组成的供应链网络，涵盖从原材料供应、零部件生产、产品组装到销售等整个产业的上下游环节，涉及多个企业之间的协作和整合。如汽车产业供应链，包括钢铁、橡胶等原材料供应商，发动机、变速箱等零部件制造商，汽车整车制造商以及汽车经销商等多个环节的企业。全球供应链是在全球范围内进行资源配置和生产协作的供应链模式，企业在全球范围内寻找最优的供应商、生产基地和销售市场，通过全球化的物流和信息网络，将分布在不同国家和地区的供应链环节连接起来。如某跨国公司，其产品的设计可能在美国，原材料采购来自东南亚，生产加工在中国，产品销售则面向全球市场，形成了一个典型的全球供应链。

（五）产业链供应链的协同机制

产业链和供应链均属于现代经济分析的有效工具，它们不仅相互关联，共同支撑实体经济的发展，而且两者同作为"链式"的经济组织形态，均以价值创造为核心。产业链供应链的强度代表了实体经济的强度，通过深入研究产业链供应链之间的相互作用，结合两者的现状和变动趋势对中国奶业高质量发展的影响，可以为中国奶业产业链供应链高质量发展提供重要的理论和实践指导。

随着产业发展，研究也在不断尝试中丰富并推进产业链供应链融合演进。供应链可以视为产业链中一个具体的环节，创新链旨在通过不断的技术革新来提升产业链的效率和竞争力，价值链则关注分析和优化产业链中的价值创造和分配。这种多链条的相互作用和优化能够显著提升整个经济体的价值链效应。特别的，产业链和创新链的融合不仅表现为创新活动与生产活动的结合，还体现了科技创新与产业发展的深度融合，这是推动产业升级和实现高质量发展的根本路径。由此，供应链的研究扩大到了为产业链提供服务支持的所有利益相关方，催生出产业供应链、全球供应链等更为宏观的概念，激发了多类价值活动的组合效应。奶业产业链供应链的高效运行依赖于三大协同机制：一是要素协同，通过"种养加一体化"模式，实现饲草本地化供应与粪污资源化利用，降低运输成本和减少环境污染；二是信息协同，通过数字化平台整合牧场管理、质量追溯与市场需求数据，实现精准饲喂与动态排产；三是利益协同，通过"企业＋合作社＋农户"的契约化合作，稳定原料收购价格与质量标准。

二、高质量建设奶业产业链供应链的重要意义

在明晰了产业链供应链的理论基础后，进一步探讨奶业产业链供应链建设对我国经济社会发展的重要意义。党的二十大报告指出，高质量发展是全面建设社会主义现代化国家的首要任务。奶业是健康中国、强壮民族不可或缺的产业，是食品安全的代表性产业，是农业现代化的标志性产业和一二三产业协调发展的战略性产业。创新谋划中国奶业产业链供应链高质量发展，扎实提升奶业现代化水平，对全面建设社会主义现代化国家意义重大而深远。

（一）助力构建新发展格局

在全球经济格局调整的大背景下，加快构建以国内大循环为主体、国内国际双循环相互促进的新发展格局，是应对百年未有之大变局的战略安排。产业链供应链生态体系是构成国内大循环的产业基础，是融入国际循环的基础平台。推动奶业产业链供应链高质量发展，正是适应国际分工调整、应对复杂多变国际政治经济环境的战略需要。我国奶业产业链条完善，涵盖奶牛养殖、乳制品加工及销售等多个环节。目前我国进口奶源过度集中于新西兰、欧盟等西方市场，这既产生其垄断定价问题，也对我国奶业产业安全带来很大风险[1]。随着全球贸易政策的变动、地缘冲突的发生以及未来技术的快速发展，全球产业链正加速重构。我国必须抓住全球产业链重构机遇。当前，全球产业链供应链布局不再单纯地以成本和效率为导向，还要融合安全导向。构建高质量的产业链供应链生态，有利于增强产业链供应链的自主可控能力，带来规模经济、集群效应和价值聚合，有效降低摩擦成本，提高产业效率，促进体系内部业态融合升级和创新发展。

（二）推动现代化产业体系建设

现代化产业体系是新发展格局的基础，也是现代化国家的物质技术基础。当前，世界百年未有之大变局加速演进，新一轮科技革命和产业变革深入发展，世界产业发展格局发生深刻变化。我国经济已由高速增长阶段转向高质量

---

[1] 陈兵，程郁，张军平，等. 高水平开放对我国奶业的冲击与应对措施[J]. 中国畜牧杂志，2021，57(4): 241-245.

发展阶段，转变发展理念、优化经济结构、转换增长动力面临挑战。推动奶业产业链供应链高质量发展，对全面建成社会主义现代化强国，实现中华民族伟大复兴具有重大而深远的意义。经过70余年的发展变革，当前我国奶业规模实现了迅猛增长，产业素质和质量安全水平大幅提升。但随着百年未有之大变局加速演进，奶业高速增长模式难以持续，新的风险、新的挑战日益突出。我国奶业全要素生产率与主要奶业发达国家相比差距明显，表现在产业链供应链上主要是成本较高和综合竞争能力较低。

积极应对百年变局，必须全面贯彻创新、协调、绿色、开放、共享的新发展理念，扎实推动我国奶业产业链供应链高质量发展，加快推进奶业现代化产业体系建设。一方面，须做大做精奶业深加工产业，推动乳制品结构转变，不断优化产业结构、拓展市场需求、增强产业循环活力。当前，国内传统液态奶市场渐趋饱和，而深加工可将原奶转化为奶酪、黄油等高附加值产品，能够满足消费者多样化需求，契合现代化产业高端化、精细化发展方向。另一方面，须推动乳制品从"喝奶"到"吃奶"转变，引导消费习惯多元化发展，稳步扩大市场需求规模，带动上下游产业协同发展，引领带动奶牛养殖、饲料种植、养殖设备制造等上游产业发展，促进冷链物流、零售等下游行业繁荣，不断增强产业体系韧性，构建符合现代化产业体系内循环畅通要求的产业链供应链创新链生态链。

（三）保障国家食品安全与公共健康

《汉书·郦食其传》强调，"王者以民为天，而民以食为天。"[①]不言而喻，国以民为本，民以食为天。食物安全是定国安邦的根基，是强国富民的根本。不容置疑，食物安全是经济社会发展水平、卫生健康水平和人口健康素质的重要指标，是国家昌盛、民族富强、人民幸福的重要标志。2017年中央农村工作会议强调，树立大农业观、大食物观，向耕地草原森林海洋、向植物动物微生物要热量、要蛋白，全方位多途径开发食物资源。这拓展了传统的粮食边界，推动传统粮食安全向食物安全转变，从更广的维度把握粮食安全。

奶业是国民经济的基础产业，乳制品富含蛋白质、钙等关键营养成分，是人生各阶段优质营养来源，对儿童生长发育、成年人身体健康及老年人骨骼

---

① 毕美家，刘亚清，王加启，等.中国奶业高质量发展战略研究报告[J].中国奶牛，2023(11): 1-15.

健康意义重大。随着人民生活水平与健康意识提升，对乳制品的需求持续增长，在此形势下，高质量建设奶业产业链供应链对保障公共健康至关重要。从奶源供给端看，高质量奶业产业链供应链确保了优质奶源的稳定供应，健康的奶牛是产出富含高营养价值乳制品的基础，产业链的严格把控促使奶牛养殖环节遵循科学规范，从饲料选择到疫病防治，每一个细节都关乎牛奶的品质。优质饲料为奶牛提供全面营养，保障其健康生长，进而产出营养成分丰富、品质优良的原奶。稳定的奶源供应意味着市场上能持续提供足量且优质的乳制品，满足不同人群对营养的需求，为公共健康奠定坚实基础。例如，儿童摄入富含优质蛋白质和钙的乳制品，能促进骨骼和智力发育，提高身体免疫力，减少疾病发生概率，为未来的健康成长筑牢根基。

此外，加工与流通环节同样关键，高质量奶业产业链供应链运用先进加工技术可最大限度保留乳制品营养成分，如低温杀菌技术，既可杀灭有害微生物，又可避免高温破坏蛋白质、维生素等营养物质。完善冷链物流体系可保障乳制品储存与运输品质稳定，防止营养流失。严格质量监控可确保上市乳制品营养达标且安全可靠。这使消费者无论身处何方，都能获取营养丰富、质量上乘的乳制品。高质量建设奶业产业链供应链，从源头到终端，全方位保障了富含高营养价值乳制品的稳定供应。这不仅满足了人们日益增长的健康需求，更是提升全民身体素质、保障公共健康的关键所在，对推动社会整体健康发展具有深远意义。

（四）促进绿色低碳可持续发展

中国式现代化是人与自然和谐共生的现代化。在国家"双碳"战略引领下，实现奶业产业链供应链高质量发展与绿色低碳发展已成为必然趋势。奶业作为农业的重要组成部分，其绿色低碳转型在国家高度重视碳排放的大背景下显得尤为关键。当前，我国奶业产业链供应链发展在诸多方面已取得显著成效。然而，在迈向"双碳"目标的征程中，仍面临着一系列严峻挑战。如奶源基地的基础设施建设滞后，致使生产效率难以提升；乳制品加工技术与国际先进水平相比，尚存在一定差距；绿色低碳技术的研发和应用成本较高，给企业带来较重负担。值得关注的是，全球畜牧业贡献了全球温室气体排放的14.5%，其中相当大一部分就来自牛等反刍动物所排放的甲烷。这意味着奶业作为以牛养殖为基础的产业，在温室气体减排方面仍面临着特殊挑战。如何在保证奶源供应的同时，有效降低反刍动物的甲烷排放，成为奶业绿色低碳发展亟待解决的重要课题。

为实现碳达峰、碳中和目标，中国奶业正积极行动，全面调整产业结构，大力推动技术创新，持续优化资源配置，力求在确保乳制品稳定供应的同时，最大限度地降低对环境的负面影响。党的二十大报告强调，推动经济社会发展绿色化、低碳化是实现高质量发展的关键环节。产业链供应链高质量发展对于产业绿色发展具有积极的推动作用，并在微观层面深刻影响企业的经营决策。绿色生产往往需要更高的成本投入和先进技术支持，而产业链供应链所带来的效益能够助力企业更好地平衡成本，顺利实施节能减排技术。产业链供应链所产生的规模经济效应，能够使企业通过扩大生产规模降低单位成本；所产生的创新效应，能激励企业加大研发投入，推动绿色低碳技术的创新与应用；所产生的竞争效应，促使企业不断提升自身竞争力，在市场竞争中寻求绿色发展之路。这些效应不仅可以增强企业竞争力，促进创新在上下游企业间的传播，还能增进上下游企业间的密切合作，提高劳动生产率。同时，产业链供应链的优化能够帮助上下游企业降低寻找原材料和产品的成本，显著减少生产成本。此外，通过合理规划物流配送，还能有效减少供应链中的物流距离和时间，从而降低能源消耗和排放，为奶业绿色低碳发展注入强大动力。在全球应对气候变化的大背景下，中国奶业必须坚定地走绿色低碳可持续发展之路，积极应对挑战，抓住产业变革机遇，为实现国家"双碳"目标和人与自然和谐共生的现代化贡献力量。

（五）应对消费升级与全球化竞争

中国属于世界，世界离不开中国。中国奶业的起步和发展得益于改革开放，也是在国际合作和竞争中实现了跨越与提升。经过不断发展和壮大，经过持续调整和转型，中国奶业数量稳中有增、素质全面提升，但总体发展还不平衡、不充分。根据中国奶业协会调研结果，在龙头乳制品企业标准化规模养殖的带动下，国产乳制品的质量品质已接近先进国家标准，部分企业的内控标准已高于国际先进水平。同时，国内奶牛养殖规模化已超越规模经济临界点，技术进步带来的成本下降空间非常有限，我国奶业难以单纯依靠"拼成本"获得优势。近年来各大乳制品企业（简称乳企）积极打造更高品质的产品，努力用高价格去覆盖高成本，把乳制品向保健品、礼品甚至奢侈品推广以提升产品价值。但高价格也带来消费抑制效应，影响行业的整体发展和国民营养健康水平的提升。

此外，相比全球奶业发达国家，在一些领域发展还不平衡、不充分。种植领域，苜蓿、燕麦等优质饲草的数量和质量还不能满足产业发展需求；养殖领域，优质种源、先进设施设备与配套管理系统还较为依赖国外供给；加工领域，产品结构单一，奶酪、乳清等依赖进口；消费领域，消费意识、消费习惯、消费水平都亟待改善培养和提升。这些不平衡、不充分都影响着中国奶业在国际奶业发展中的话语权和竞争力。

特别是在当下，消费者对产品多元化、高端化、个性化的需求日益增长。消费者不再仅满足于基础的乳制品，而是渴望更多种类、更高品质且能契合自身独特需求的产品。例如，年轻消费者追求具有时尚包装、创新口味且兼具健康功效的即饮型乳制品；注重生活品质的中高端消费者，对有机、低脂、低糖等高端化乳制品需求旺盛；有特殊饮食需求的消费者，如乳糖不耐受人群，期待有更多针对性的产品选择。这种消费趋势的转变，为中国奶业带来了新的挑战与机遇。面对这一现实，加强科技创新和产业创新，成为发展奶业新质生产力的基本路径。必须深入贯彻新发展理念，构建新发展格局，以高质量发展为主线，以结构调整和转型升级为手段，持续提升奶业现代化水平。一方面，加大在种植、养殖环节的科技投入，提高优质饲草的自给率，培育自主优质种源，研发并应用先进设施设备与管理系统，从源头保障奶源的品质与供应稳定性。另一方面，在加工环节，顺应消费升级趋势，丰富产品结构，加大对奶酪、乳清等产品的研发与生产投入，提高国产乳制品替代率。同时，通过市场教育与引导，提升消费者对国产乳制品的认知度与信任度，培养健康的消费意识与习惯，促进消费水平的提升。推动中国奶业高质量发展，创新打造中国奶业品牌，不仅是打造中国品牌的重要举措，更是提升国际竞争能力的必然选择。只有如此，中国奶业才能在消费升级与全球化竞争的浪潮中，找准定位，实现可持续发展，在国际奶业市场中占据一席之地。

第二章

全球奶业竞争格局概述

一、全球奶业市场概况

全球奶业市场以其庞大的规模和持续的增长态势，成为世界食品产业中最具影响力的重要组成部分。最新统计数据显示，得益于全球经济的增长、消费者健康意识的提高以及乳制品在饮食文化中的重要地位不断提升，2024年全球乳制品市场规模超过9 000亿美元。牛奶及其制品，包括奶酪、酸奶、奶粉等，不仅在欧美国家占据重要地位，在亚洲、非洲和拉丁美洲等新兴市场国家的需求也在不断上升。

荷兰合作银行（Rabobank）发布的"2024年全球乳业20强"榜单进一步揭示了全球奶业市场的竞争格局。该榜单显示，全球奶业市场的主导者主要集中在欧美国家，这些国家的乳企通过多年的发展和战略布局，已经在全球市场中占据了重要地位。其中，法国的兰特黎斯连续三年位居榜首，得益于其在欧洲市场的稳固地位及其在全球其他地区的积极扩张，兰特黎斯年收入在2023年首次突破了300亿美元（表2-1）。

表2-1　荷兰合作银行发布的"2024年全球乳业20强"榜单前十名

排名	公司名称（英文）	总部所在地	2023财年乳业销售额（亿美元/亿欧元）
1	兰特黎斯（Lactalis）	法国	302/279
2	雀巢（Nestle）	瑞士	241/223

（续）

排名	公司名称（英文）	总部所在地	2023财年乳业销售额（亿美元/亿欧元）
3	美国奶农（Dairy Farmers of America）	美国	217/201
4	达能（Danone）	法国	197/182
5	伊利（Yili）	中国	175/162
6	恒天然（Fonterra）	新西兰	151/140
7	阿拉福兹（Arla Foods）	丹麦/瑞典	148/137
8	菲仕兰（FrieslandCampina）	荷兰	141/130
9	蒙牛（Mengniu）	中国	139/129
10	萨普托（Saputo）	加拿大	128/119

注：该榜单基于全球各大乳品企业的销售数据和财务报表信息编制，是全球乳业权威排行榜单之一。

全球奶业巨头中，兰特黎斯的规模和实力排名第一，品牌价值达到119亿美元（约合人民币861亿元）。作为一家拥有超过90年悠久历史的家族乳品企业，兰特黎斯于1933年在法国西部建立，在51个国家设有269个生产基地，员工超过8.5万人。作为全球第一大乳制品企业、第一大奶酪制造商、第三大液态奶制造商和法国第一大食品企业，兰特黎斯旗下拥有总统（Président）、格巴尼（Galbani）、兰特（Lactel）、保利（Pauls）等品牌，产品行销160多个国家和地区。

作为全球最大的乳制品公司之一，兰特黎斯通过一系列的收购和合作，不仅扩大了其在欧洲的市场份额，还成功进入了北美、亚洲和拉丁美洲市场。其通过本地化生产、贴近终端消费市场等策略，有效地满足了不同地区消费者的需求，增强了其全球竞争力。

二、奶业巨头全球化布局的战略意义

兰特黎斯的成功是西方奶业巨头近年来全球化扩张的一个缩影。在全球化的背景下，西方发达国家的奶业巨头在全球范围内进行资源整合和市场拓展，通过强大的经济实力和技术优势，不仅在本国市场中占据主导地位，还积极扩展至国际市场，形成了全球性的影响力。代表性的企业如法国的兰特黎斯、瑞士的雀巢和荷兰的皇家菲仕兰等，通过在全球范围内积极布局奶源基地、生产工厂和销售网络，成功构建了覆盖全球的产业链。通过产业链的全球化，不仅能够更有效地在全球配置资源，还显著增强了抵御市场风险的能力。

雀巢公司作为全球知名的食品和饮料公司，其成功的关键在于市场多元化和不断进行产品创新。雀巢公司不仅在传统乳制品市场上表现强劲，还在健康食品和功能性食品领域进行了广泛的布局。雀巢公司通过不断优化产品结构和采取积极进取的市场策略，在多个国家和地区确立了强大的市场地位，特别是在亚洲和拉丁美洲市场，通过本土化策略和品牌推广，成功地适应了全球市场的变化，扩大了公司市场份额。

与此同时，部分奶业巨头通过深耕本地，在区域市场形成垄断优势，构筑了较高的市场进入壁垒。美国奶农公司（美国DFA公司）专注于内生增长和技术创新，提升了在北美市场的竞争力。尽管近年来全球原奶价格走低对美国奶农的收入造成了一定影响，但美国DFA公司通过投资于奶酪生产等高端乳制品领域，成功实现了产品结构的优化和利润的增长。美国DFA公司计划在2023—2026年斥资超过70亿美元进行工厂新建与扩建，这些投资将主要用于奶酪生产，以提高公司产品的附加值和市场竞争力。

西方奶业巨头的影响力不仅体现在占据全球较高的市场份额，还表现在对全球乳制品价格和供应链的掌控上。通过高效的供应链管理和市场运作，奶业巨头能够在全球范围内调节供需，维持市场的相对稳定。同时，通过不断的技术创新和加强品牌建设，不断提升产品附加值，增强消费者的品牌忠诚度。

西方奶业巨头的全球化布局不仅是市场扩张的需要，更是其应对市场风险、优化资源配置和提高竞争力的重要手段。一方面，通过在不同地区的布局，这些企业能够更好地适应当地市场的需求，同时利用各地区的资源优势，降低生产成本，提高市场响应速度。全球化布局还可以帮助企业分散市场风险，避免单一市场波动对业务带来冲击。例如，兰特黎斯通过在全球范围内布局奶源基地和生产工厂，能够灵活调整生产计划，以应对不同市场的需求变化。另一方面，通过在多个国家和地区设立销售网络，企业能够更好地了解当地市场的消费习惯和需求变化，从而制定更加精准的市场策略。雀巢公司通过在全球范围内的收购和合作，不断扩大其产品线和市场份额，并通过在全球范围内建立研发中心，不断推出符合市场需求的新产品，如高蛋白牛奶、低脂乳制品和功能性饮料等，以应对市场竞争和满足消费者对于健康、营养的追求，保持其在市场中的领先地位。

三、奶业巨头的奶源布局策略

（一）强化对黄金奶源地的争夺与控制

在乳制品领域，奶源的品质是决定产品优劣的关键因素之一。当前，全球奶源分布具有明显的地域性特征，主要集中在一些纬度适宜、拥有优质牧场资源的国家。所谓"黄金奶源带"，是指位于南北纬40°—50°的温带草原区域，这一地带因其得天独厚的自然条件，非常适合牧草的生长，保证了奶源的高品质，成为国际公认的优质奶牛饲养带。

新西兰以其四季温暖湿润的海洋性气候和肥沃的土壤，成为世界著名的黄金奶源地之一，被誉为"世界上最后一片净土"。其广阔的草原和适宜的气候条件，为奶牛提供了理想的生长环境。新西兰的黄金奶源地主要集中在南奥塔哥地区，该地区位于南纬46°的世界黄金奶源带，属四季温暖湿润的海洋性气候，是新西兰著名的牧场所在地。南奥塔哥地区土地肥沃、雨水充沛，有100多种丰茂牧草，是得天独厚的天然牧场，为奶源的高品质提供了保障。

荷兰位于北纬51°—54°，气候冬暖夏凉，境内河流纵横，水源清澈，分布着莱茵河、马斯河、艾瑟尔湖，具备孕育天然牧场得天独厚的条件，所产出的牧草质量高，富含蛋白质以及钙、磷等元素，从而保证了奶源品质。凭借温带海洋性气候和丰富的水资源，荷兰成为世界畜牧业最发达的国家之一，全国共有6万个奶牛饲养场，主要饲养黑白花奶牛，是欧洲重要的肉类和奶制品出口国。

法国诺曼底地区位于北纬49°这一黄金纬度，气候适宜，土壤富含矿物质及微量元素，拥有优质的天然牧场。当地特有的诺曼底牛所产牛奶的蛋白质含量远高于其他地区，加上牧场严格、科学的管理，使诺曼底地区获得"欧洲最优乳仓"的美名。诺曼底牧场不像瑞士、新西兰的牧场那样名声在外，走的是"小众、精品、高端"的路线。诺曼底有机牧场获得欧盟和法国农业部最严苛的双重有机认证，安全和营养成为诺曼底牧场管理理念的核心。

美国则以其广阔的牧场和先进的养殖技术，成为全球重要的奶源供应国之一。美国的主要奶源基地分布在中西部和东北部，这些地区的气候和土壤条件非常适合奶牛养殖。威斯康星州、纽约州和加利福尼亚州是美国主要的奶源生产基地。

在全球奶源布局方面，全球奶业巨头通过多种方式加快获取优质奶源，确保供应链在高品质基础上的安全稳定。一方面，通过签订长期供应合同和投资当地奶农的方式，确保奶源的稳定供应。例如，美国奶农公司通过与国内奶农签订长期供应合同，直接锁定了大量优质奶源；雀巢公司则在全球范围内与多家奶农合作社建立了长期合作关系，通过提供技术支持和资金援助，帮助奶农提高生产效率和产品质量。这些举措不仅有助于确保奶源的稳定供应，还能提高奶农的生产积极性和合作意愿。另一方面，全球奶业巨头还通过并购和合作的方式，直接获取海外优质奶源。2019年8月，中国奶业巨头伊利集团以2.44亿新西兰元成功收购新西兰第二大乳制品企业威士兰乳业有限公司（Westland Co-operative Dairy Company Limited）100%股权，成为新西兰乳品行业最大的海外投资者。近年来，伊利集团加快海外布局步伐，通过并购和自建基地陆续布局国际市场。除在新西兰布局外，还在乌拉圭、荷兰等地开展合作，沿全球黄金奶源带进行广泛布局。通过在全球建设81个生产基地，伊利集团构建了覆盖亚洲、欧洲、美洲、大洋洲的全球资源体系，确保了高品质奶源的稳定供应。

（二）实现本土奶源与海外奶源的动态平衡

除了争夺海外黄金奶源地，全球奶业巨头也非常注重本土奶源的发展和维护。本土奶源不仅能够降低原料运输成本，还能够快速响应本地市场的需求。企业通常会通过技术支持和持续的资金投入，帮助本地农户提高奶牛养殖效率和牛奶质量，从而实现本地奶源与海外奶源的平衡发展。例如，兰特黎斯在法国本土就有广泛的奶源基地，同时也在新西兰等地拥有奶源基地，形成了一个全球性的奶源网络。这种全球性的奶源布局不仅使公司能够灵活调整生产计划，以应对不同市场的需求变化，还增强了其抵御市场风险的能力。

伊利集团作为中国奶业的领军企业，在国内奶源市场的布局非常广泛且具有借鉴意义。伊利集团在全国范围内自建多个现代化牧场，在内蒙古的锡林郭勒草原和呼伦贝尔草原，以及新疆天山等地的国内黄金奶源带拥有国内最大最好的奶源基地。除自建牧场外，伊利集团还通过参控股和战略合作方式掌控了国内大量优质奶源。其中，作为伊利集团最大合作伙伴的优然牧业，在国内拥有75个规模化牧场，覆盖黄金奶源带并辐射国内16个省份，养殖良种荷斯坦奶牛和娟姗牛45万头。通过掌控上游奶源环节，伊利集团确保了奶源的稳定供应和质量可控，降低了原奶成本的周期性波动，为在乳制品市场的长期稳定发展奠定了基础。

四、趋势与展望

（一）可持续发展带来的机遇与挑战

随着全球对可持续发展的日益关注，奶业巨头面临着新的挑战和发展机遇。企业需要在环境保护、动物福利和社会责任等方面进行更多的投资，以实现其可持续发展目标。同时，可持续发展也为企业带来了新的市场机会。随着健康产品和各类功能食品越来越受到全球消费者重视，有机乳制品和植物基乳制品的市场需求正在不断增长。企业通过推广其可持续养殖实践和有机产品，近年来吸引了越来越多的环保意识强的消费者关注。比如，荷兰皇家菲仕兰公司通过推广减少温室气体排放、提高奶牛福利和改善牧场管理等可持续养殖实践，增强了品牌的美誉度和市场竞争力；通过推出有机产品，满足了消费者对健康和环保的需求。

（二）科技创新给企业带来明显增益

近年来科技创新在奶业发展中发挥了关键作用。从基因编辑技术到人工智能的应用，新技术的发展为奶业提供了提高生产效率、改善产品质量和增强可持续性发展的新途径。奶业巨头不断加大科技创新力度，以保持其在全球市场中的领先地位。通过利用CRISPR-Cas9等基因编辑技术，能够显著改善奶牛的健康和产奶量，从而提高整个产业链的效率。通过在生产环节广泛使用人工智能技术，能够对产品生产全流程进行实时监控和动态调整，极大地提高生产效率和产品质量。

第三章

中国奶业产业链供应链解析

中国奶业产业链供应链的高质量发展，对整个行业可持续发展至关重要。从奶业产业链来看，从上游的饲料生产、奶牛育种、原奶生产，到中游的乳品加工、包材生产，再到下游的终端销售、乳品进口等，每个环节都紧密相连，共同构成完整的奶业价值链。从奶业供应链来看，安全稳定的供应链能够确保原奶和乳制品的质量与安全，满足消费者对高品质乳制品的需求；同时，高效流通的供应链能降低乳制品生产成本、提高资源配置效率，增强中国奶业整体竞争力。当下中国奶业产业链供应链还存在育种能力不强、原奶生产过剩、乳制品深度加工不足、消费市场疲软等问题。2025年中央1号文件指出，推进肉牛、奶牛产业纾困，稳定基础产能。未来随着产业纾困政策进一步落实，中国奶业产业链供应链有望向稳定、高效、可持续的发展方向迈进。

一、奶业产业链发展现状

2024年中国奶业在克服重重困难中提升发展质量，在应对风险挑战中持续勇毅前行。全年原料奶总产量4 079万吨，乳制品产量2 962万吨，中国奶业产业在饲料生产、良种繁育、奶牛养殖、原奶生产、乳品加工、产品创新等领域取得突破性进展，一系列创新成果竞相涌现。中国奶业品牌通过技术创新和专利成果赢得世界的瞩目和赞叹，中国乳制品在全球市场的份额和竞争力不断提升。与此同时，我们也要看到，当前行业发展形势不容乐观，特别是一些深层次矛盾亟待解决，未来仍需加大关键领域创新，进一步推动中国奶业产业链高质量稳定发展（图3-1）。

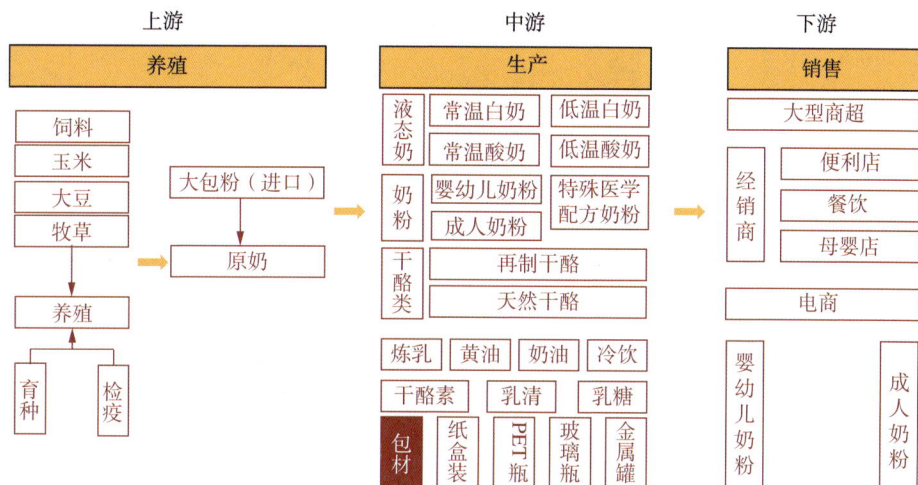

图3-1 中国奶业产业链

资料来源：根据公开资料整理。

（一）产业链上游

1. 饲料生产

饲料生产是奶业生产的基础环节，直接影响到奶牛健康、产奶量和奶品质量。优质的饲料能够为奶牛提供充足的营养，提升奶牛的免疫力和生产性能。科学的饲料配方不仅能提高产奶效率，还能降低饲养成本，减少环境污染。饲料生产的科学化、标准化和可持续化对奶业的稳定发展和竞争力提升具有重要意义。2024年，我国奶业产业链中的饲料生产环节主要呈现以下几个特点：

一是2024年工业饲料总产量较2023年有所下滑。中国饲料工业协会数据显示，2024年我国工业饲料总产量为31 503.1万吨，相比2023年下降2.1%，其中反刍动物饲料产量为1 449.4万吨，相比2023年下降13.3%（图3-2）。2023年我国人工饲草种植面积1.16亿亩①，饲草总产量1.01亿吨，全国草产品加工

---

① 亩为非法定计量单位，1亩=1/15公顷。——编者注

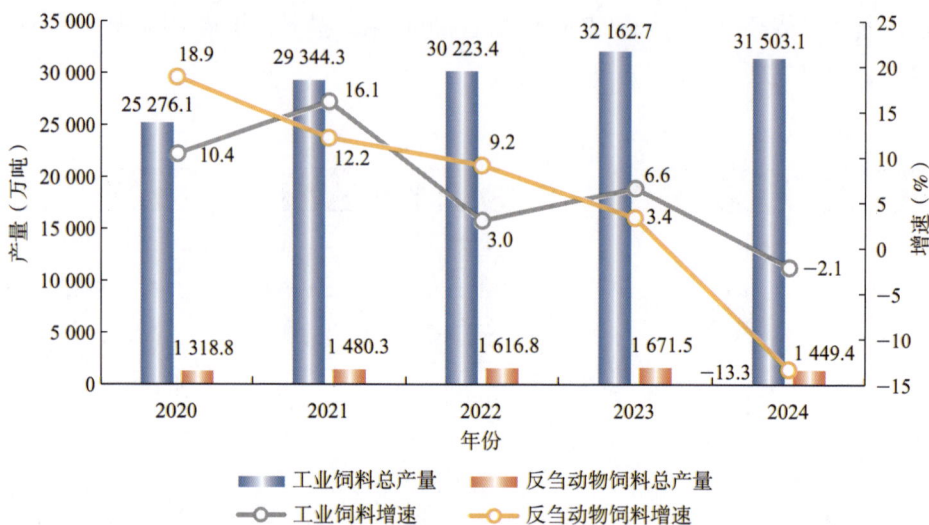

图3-2　2020—2024年我国工业饲料、反刍动物饲料发展情况

资料来源：中国饲料工业协会。

企业和合作社数量达到1 581家。在规模庞大的饲料产量中，2024年我国牛羊饲草料中优质饲草占比仅为25%，比理想结构低15个百分点，存在供需缺口近5 000万吨。

二是国产草种与进口草种品质差距在缩小。2023年我国饲草种子年产量7.5万吨，累计培育审定的饲草新品种685个，草种抽检合格率稳定在83%左右，已初步建成"保、育、繁、推、管"五位一体的饲草种业体系。以国产苜蓿草为例，其培育品质已达到国际优级草标准，部分高品质苜蓿已达到特级标准。但总体而言，我国饲草种业的进口依赖性仍较高，2024年我国牧草种子进口量为5.49万吨，优质饲草种子仍有1/3需要进口，国产优良草种长期处于供不应求状态。在此背景下国内奶业龙头企业正在积极布局饲草种子创新，如伊利集团已将优质饲草种植作为战略目标持续深耕多年，2024年通过科研攻关，伊利集团针对在奶牛日粮配方占比达到50%以上的全株玉米青贮，从全国近300个品种中成功筛选出28个高产、高消化率青贮品种，用于指导牧场青贮种植。

三是饲料标准化体系逐渐成形。2024年国家奶牛产业技术体系新建饲料高效利用和精准化养殖体系，在全国采集131种饲料、10 000余份饲料样品，建立涵盖中国奶牛饲料资源的饲料数据库，制定了中国奶牛营养需要标准，开发了"牛人亿家"在线饲料配方软件，建立2个奶牛全程标准化饲养体系。

四是品种创新再上新台阶。审定通过33个饲草新品种，其中包括中苜11紫花苜蓿等国审育成品种，新农7号鸭茅等省审育成品种，中苜4号紫花苜蓿入选2024年农业农村部主导品种，冀饲4号饲用小黑麦等8个品种被列为河北、宁夏、四川、云南的省级农业主导品种。开展紫花苜蓿花序伸长调控新机制研究，建立500余份苜蓿种质资源圃和重要种质评价圃，审定通过中草系列紫花苜蓿新品种2个，制定《紫花苜蓿引种适应性评价规程》《优质苜蓿品种选择规范》，转化许可苜蓿新品种3个。搭建我国首个饲用燕麦品种看禾选种平台，开展农艺性状指标以及生物量性状综合评价，2024年平台第一批次选用39个优良饲用燕麦品种，其中已通过国家级或省级审定的优良饲用燕麦品种18个，已进入国家区域试验的品种9个，已申报国家区域试验的国内品种和国外引进品种各6个。开展低碳低蛋白研究，编制《奶牛低蛋白低豆粕多元化饲粮配制技术要点》。开展"粗饲料本地化项目"，累计研发出本地化粗饲料40多种。创新开发国内首款反刍动物减碳增产饲料，在实现减少奶牛甲烷排放20%的同时，提升奶牛单产2千克/头以上。

五是种植技术不断创新。示范推广"两灌一保"沙地种草、苜蓿地切根松土复壮、规模化优质高产人工羊草种植等技术共150余项，示范应用面积760万亩。开展岗站联合攻关，推动苜蓿节水高效生产模式等9项共性栽培技术研究。集成苜蓿套种玉米田杂草化学防除等技术，在全国开展示范面积超20万亩。开展玉米带间苜蓿直接收获打捆关键技术与装置等多项机械装置的改进及研发。苜蓿种植技术向优质、高产、高转化率迈进，以内蒙古土默特左旗的敕勒川生态智慧牧场为例，其通过运用"优草云"智慧管理系统，使用苜蓿抗寒基因技术、苜蓿优异种质杂交技术，融合苜蓿草种植SOP（标准作业程序），进行标准化管理，基地苜蓿产量提升20%以上。青贮种植围绕"种—管—贮—用"持续升级，以伊利集团为例，其围绕优质青贮品种选育、田间种植管理、收获加工、贮存饲喂、青贮消化率提升等方面，集成31项《优质全株玉米青贮全链条制作技术标准》，总结出十大项百余个青贮制作技术关键点，帮助合作牧场玉米青贮淀粉含量提升31%，奶牛青贮饲料消化率达到85%，平均亩产达到4.54吨，最高亩产量达到5.37吨，实现增产25%。种植成本不断降低，以伊利集团为例，其依托卫星遥感农业大数据平台、智慧农业精准服务平台、精准饲喂数据应用服务平台三大科技平台，构建了高青贮日粮模式、湿贮玉米模式、高效率转化模式、多元化饲草复播模式四大降本增效模式。

六是饲料生产正在加速发展。目前，我国牧草种植已基本实现高质、高效、机械化的生产模式，形成了包含籽种选择、精量播种、水肥一体化灌溉、大规模机械使用、收割生产的全流程科技赋能，草畜产业实现融合发展。面对优质饲草料"卡脖子"问题，我国以问题为导向，采取多项措施。一方面，积极推动粮改饲政策，2023年完成粮改饲面积2 325万亩，收储优质饲草约6 850万吨，带动减少牛羊精饲料消耗近1 300万吨；另一方面，在多地推进粮草轮作、豆禾牧草混播套种等种植模式探索，还在宁夏、甘肃等沙漠地区大力推广苜蓿草种植，进一步推进饲草生产方式多元化。

七是牧草进口增幅较大。从草产品进口来看，据国家牧草产业技术体系统计，2024年我国草产品进口总量134.5万吨，同比增加23.7%。其中苜蓿干草进口110.0万吨，同比增加10.0%；燕麦草进口22.5万吨，同比增加2.1倍；苜蓿颗粒进口2.0万吨，同比增加29.9%。从进口品种来看，苜蓿干草是最主要进口品种，占全年进口量的81.8%，进口金额4.0亿美元，同比减少20.9%；平均到岸价格367.5美元/吨，同比下跌28.1%。从草种进口来看，2024年我国草种子进口5.49万吨，同比增加8.5%。其中黑麦草种子进口3.21万吨，同比减少6.3%；羊茅种子进口1.29万吨，同比增加159.2%；草地早熟禾种子进口0.71万吨，同比增加20.4%；苜蓿种子进口0.22万吨，同比减少53.2%；三叶草种子进口0.06万吨，同比减少14.8%。

2.奶牛育种

奶牛育种是奶业生产中的核心环节，对提升奶牛的生产性能、健康状况和经济效益具有深远影响，是奶业提质增效、增强竞争力的关键驱动力。通过科学的育种技术，可以选育出产奶量高、乳成分优良、抗病力强和适应性好的优质奶牛品种。这不仅能够显著提高单头奶牛的产奶效率，还能改善牛奶的品质，如蛋白质和脂肪含量，从而满足市场对高品质乳制品的需求。2024年，我国奶业产业链中的奶牛育种环节主要呈现以下几个特点：

一是奶牛个体生产性能测定稳步推进。中国奶业协会数据显示，2024年全国共有230万头奶牛进行生产性能测定，参测奶牛数量较2023年增加18.3%，较2021年增加55.5%。从中国奶业协会最新公布的2024年第三季度奶牛个体生产性能测定情况来看，第三季度全国共测定1 139个奶牛场的144.6万头奶牛，测定记录达到287.6万条，参测牛数量同比增长6.3%，测定场平均参测牛群规模达到1 270头，同比增长17.16%（图3-3）；参测牛测定日平均产奶量达到36.3千克,同比增长4.0%,比2021年第三季度同比增加11.0%;参测牛测定日平均体细胞数23.6万个/毫升,同比上升1.9万个/毫升,比2021年第三季度减少1.1万个/毫升;参测牛测定日平均乳脂率为3.86%,同比下降0.8%,比2021年第三季度上升0.3%;参测牛测定日平均乳蛋白率达到3.30%,同比下降1.2%,比2021年第三季度下降0.6%。

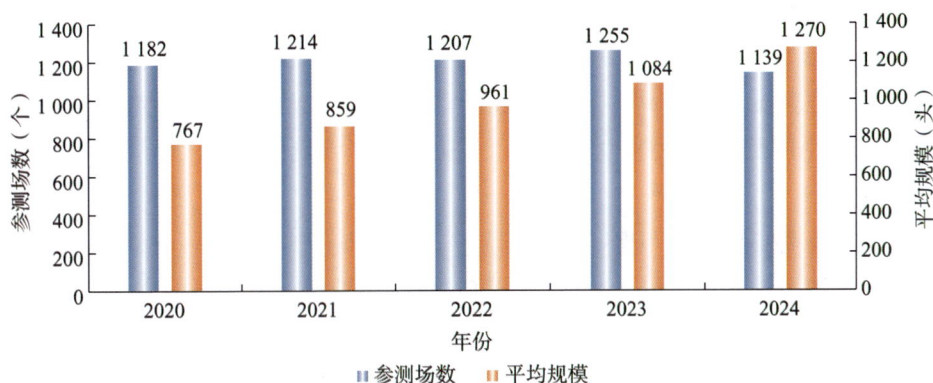

图3-3 2020—2024年第三季度奶牛个体生产性能测定参测情况

数据来源:中国奶业协会。

二是奶牛育种技术迈向新高度。发布中国荷斯坦牛中高密度(126K)基因组选择育种芯片,标志着我国奶牛育种芯片设计开发取得重要突破,这也是目前我国奶牛育种领域唯一拥有自主知识产权的行业专用育种芯片。研制出"高产、长寿、抗病"特殊性状基因检测芯片——"育种1号芯片",标志着我国已完全自主掌握"高产、长寿、抗病"奶牛的基因组检测技术。截至2024年11月,"育种1号芯片"已被应用于检测300多头奶牛,"高产、长寿、抗病"基因筛选准确率已达到国际先进水平。"奶牛基因组平衡选育及种质创新技术研发与应用"项目通过中国农学会科技成果评价,该项目创新了平衡高产和高效的奶牛选育及扩繁体系,实现具有自主知识产权的奶牛基因组平衡选育技术的重大进展。

三是种牛自主繁育技术不断完善。国家奶牛核心育种场规模持续扩大,2024年新增6家国家奶牛核心育种场,奶牛育种核心群规模持续扩大。组建奶牛育种创新联盟,青年公牛后裔测定工作不断加强,奶牛人工授精比例达到95%以上,2024年我国更新公布5家国家核心种公牛站。培育出国内"在美注册"排名第一的种公牛——"大青山"种公牛，按同期美国基因组排名的数据排序可达第35名，实现国内种公牛新突破。研发出一项高产奶牛性别控制胚胎生产关键技术，该技术可使胚胎牛年单产提高至14吨，单头利润可提高50%，总体提高良种母牛繁殖能力12～15倍。此外，奶业龙头企业正在加速推广奶牛胚胎商业化应用，2024年我国第一个由企业牵头成立的奶牛商业化联合育种数据库"奶牛育种自主创新联盟数据库"对外发布，制定奶牛基因组参考群体遴选、繁殖、产犊、性情、步态等一系列数据标准，全面夯实了我国奶牛种业振兴数据基础。伊利集团在国内率先推广高产奶牛胚胎商业化应用，筛选顶级种用胚胎准确性达70%以上，胚胎阶段完成遗传评估比常规育种缩短4～5年。

四是育种进口大幅下降。据中国海关总署统计，2024年1—11月我国共进口活牛5.17万头，同比减少65.1%；进口额0.8亿美元，同比减少74.9%；平均价格为1 544美元/头，同比下降28.2%。其中从澳大利亚进口5.13万头，占比99.2%，同比减少42.6%。2024年1—11月我国共进口冻精879.93万剂，同比减少27%；进口额0.54亿美元，同比减少41.6%；平均价格为6美元/剂，同比下降20%。其中从美国进口745.78万剂，占比84.8%，同比减少20.6%；从欧盟进口131.36万剂，占比14.9%，同比减少37.4%。

3. 奶牛养殖

奶牛养殖是奶业生产的核心基础，其发展水平直接决定乳制品的产量、品质及产业竞争力。在全球乳品消费需求持续增长的背景下，高效、健康、生态的奶牛养殖体系不仅夯实了奶业高质量发展的根基，更为保障国民营养健康、提升农业经济效益提供了重要支撑。2024年，我国奶业产业链中的奶牛养殖环节主要呈现以下几个特点：

一是奶牛养殖规模出现缩减。根据荷斯坦数据，2024年我国奶牛存栏量出现下滑，2024年初内蒙古、河北、宁夏等十大主产地区奶牛存栏量为550万头，到2024年第三季度存栏量下降到513万头，减少37万头，十大主产地区奶牛存栏量整体下降6.7%（图3-4）。

二是养殖规模化水平持续提升。根据荷斯坦数据，截至2024年11月，全国共有万头奶牛牧场173个，存栏近210万头，占全国荷斯坦牧场存栏30%以上；全国存栏100头以上牧场比例创新高，2023年奶牛存栏100头以上规模化养殖比例达到75%，与2020年存栏100头以上奶牛规模化养殖比例67.2%相

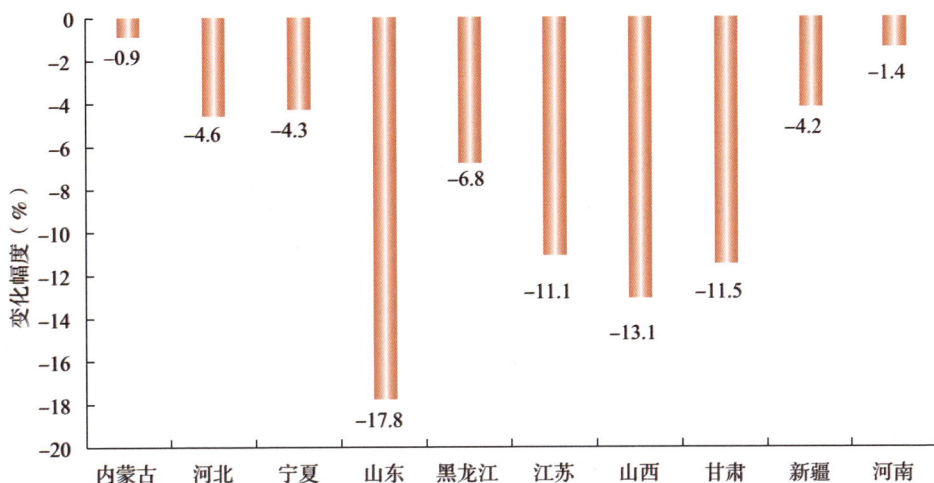

图 3-4　十大主产地区奶牛 2024 年第三季度存栏量降幅

数据来源：国家统计局、国家奶牛产业技术体系。

比，提升 7.8 个百分点（表 3-1）。

表 3-1　2024 年中国万头牧场地区分布

省份	数量（个）	省份	数量（个）
内蒙古	38	河南	5
河北	30	安徽	4
山东	25	陕西	3
宁夏	22	吉林	3
黑龙江	15	北京	1
甘肃	12	辽宁	1
江苏	7	新疆	1
山西	6	合计	173

数据来源：《荷斯坦》。

　　三是养殖专业化水平持续提升。奶牛精准营养养殖是奶牛养殖的未来趋势，近年来我国持续加强对精准营养养殖的系列研究，成功创建天然活性物质改善奶牛健康高效养殖关键技术，利用天然活性物质，有效增强奶牛免疫力，降低疾病发生率，显著提高奶牛生产性能和奶品质量，实现奶牛健康与养殖效率双重提升。2024 年已在西部、东北、华北、华中等地区的众多牧场实现应用。加强奶牛体况评分管理，2023年研发了面向边缘计算的奶牛体况评分平台，奶牛身份识别精度达到99.75%，奶牛体况评分在0.5分误差下的查准率达到96%。

四是奶牛牧场低碳化转型成为当下及未来重要趋势。2023年国家奶牛产业技术体系对全国有代表性的不同规模牧场开展碳盘查工作，为我国规模化养殖条件下牧场全生命周期的碳排放提供基础数据。通过开展奶牛甲烷排放技术研究，研究出在高牧草日粮条件下添加9.67%膨化大豆的高n-6多不饱和脂肪酸（PUFA）日粮以显著减少甲烷排放的方法，研究出添加硝酸异山梨酯200毫克/千克（以干物质计）使奶牛肠道甲烷排放量减少54%的方法，为促进我国牧场低碳化转型提供了强大支撑。

五是养殖智能化水平持续提升。大型牧场通过广泛应用物联网和智能化设施设备，奶牛养殖机械化、数智化水平进一步提升，全国规模化牧场100%实现机械化挤奶，95%以上配备全混合日粮搅拌设备。通过数智化设备的广泛应用，生鲜乳品质和单产水平获得显著提升。如在伊利敕勒川生态智慧牧场，1.2万头奶牛住在"大别墅"里，牧场工作人员只需通过手机App就能实时掌握每头奶牛的动态，在这里成群奶牛可借助饲喂机器进食，智能自动饲喂系统可精准控制饲料添加量，精准度达到98%，且全程可追溯，牛舍还配备了全自动挤奶机器人、推料机器人、清粪机器人、自动饲喂机器人等世界领先的"智能家居"。在与伊利集团合作的牧场内，通过伊利集团推广并免费提供的智慧牧场大数据分析应用平台，奶牛活动量、产奶量、睡眠情况等数据在数字终端一目了然，牧场养殖水平获得极大提升。

六是牧场养殖管理水平持续提升。开展精益管理提升工作，构建由104个价值流模型、十大精益方法论和十大精益管理工具组成的"精益牧场损益大模型"，通过高青贮日粮、低剩料率、科学分群、精准饲喂等措施有效落地，制定科学合理的低成本饲养管理方案。如伊利集团通过开展精益管理，让帮扶牧场奶牛日单产从33千克/头提高到42千克/头，年单产逼近13吨/头，泌乳牛饲喂成本由每千克2.55元降为每千克1.83元，成功实现从传统牧场向现代化牧场转型。

七是高产牧场队伍持续壮大。据《荷斯坦》收集的2023年全国单产11吨以上、长三角地区和西北地区单产10吨以上、西南地区与华南地区单产9吨以上390个高产牧场的数据，390个高产牧场奶牛存栏208万头，成母牛存栏101

万头，平均淘汰率27.7%。我国高产牧场依然集中在北方地区，内蒙古、河北、黑龙江高产牧场合计占比46%，其中内蒙古占比最大，约为23%；西北地区（包括宁夏、甘肃、陕西、新疆等）占比18%，华东地区（包括江苏、浙江、上海、山东等）占比16%，南方区域11吨以上牧场占比较少。我国高产牧场仍以大规模牧场为主，2023年收集的单产大于11吨的牧场323个，万头以上超大型牧场占18%，千头以下牧场仅占5%。高产牧场中私人牧场占比再次下降，2023年私人牧场仅占13.8%，2022年单产大于12吨的高产牧场中私人牧场占17%，2021年这一占比为18%。近年来私人牧场占比逐年下降，2023年降幅最大（图3-5）。

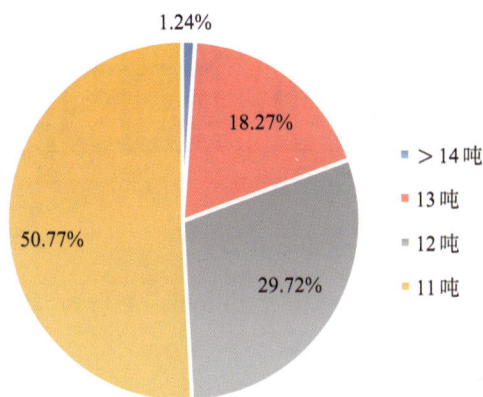

图3-5　单产11吨以上牧场占比分布

数据来源：《荷斯坦》。

4. 原奶生产

原奶生产是乳制品生产的起点和核心环节，直接决定了乳制品的质量和安全性。高质量的原奶是生产优质乳制品的基础，原奶生产的高效性和稳定性直接影响奶业供应链运转和经济效益。科学化的原奶生产能够提高产量、降低成本，并减少环境污染，推动奶业的可持续发展。2024年，我国奶业产业链中的原奶生产环节主要呈现以下几个特点：

一是牛奶总产量出现下滑。2024年中国牛奶原料奶总产量4 079万吨，相较2023年减少118万吨，下降2.8%（图3-6），全年生鲜乳过剩情况显著高于2023年，每千克奶的利润首次为负，整体行业亏损面超过80%。从产奶主产区来看，2024年全国牛奶原料奶产量超100万吨的前10个省份中有8个省份产量下降，减产超过140万吨，特别是新疆和黑龙江的同比降幅分别为-14.9%和-12%，仅甘肃和宁夏保持增长，甘肃增幅14%、宁夏增幅6.1%。分季度来看，牛奶原料奶产量同比增幅不断下降，原料奶总产量在第一、二季度分别同比增长5.1%和2.1%，在第三、四季度则分别同比下降5.8%和9.0%，显示出2024年下半年产能调整开始加快。

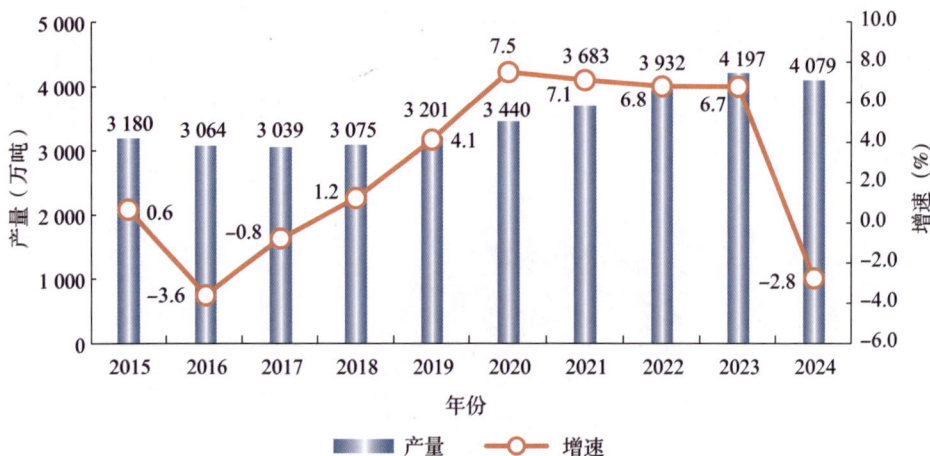

图3-6　2015—2024年中国牛奶原料奶总产量

资料来源：公开资料整理。

二是原料奶价格创历史新低。据农业农村部数据，内蒙古、黑龙江等10个主产区2024年6月份生鲜乳均价3.30元/千克，比2023年6月份均价3.82元/千克，下降13.6%。2024年12月份生鲜乳均价3.11元/千克，比2023年12月份均价3.67元/千克，下降15.3%（图3-7）。2024年全年生鲜乳均价为3.33元/千克，比2023年3.85元/千克，下降13.5%，降幅0.52元/千克，这也是生鲜乳价格连续三年下降。2024年生鲜乳销售价格，按名义价格计算相当于2011年前后价格，按不变价格计算则是国内历史最低价格，按不变价格计算2024年原料奶均价比最高年2014年低36.94%，比次低年2020年低12.32%。

三是奶牛单产持续提升。2023年全国奶牛年均单产达到9.4吨/头，比2020年全国奶牛年均单产8.3吨/头提升13.25%（图3-8）。据《荷斯坦》杂志数据，2023年中国奶牛养殖前30家牧业集团平均单产水平为11.9吨/头，前30家牧业集团平均单产水平比全国平均水平高出27%。

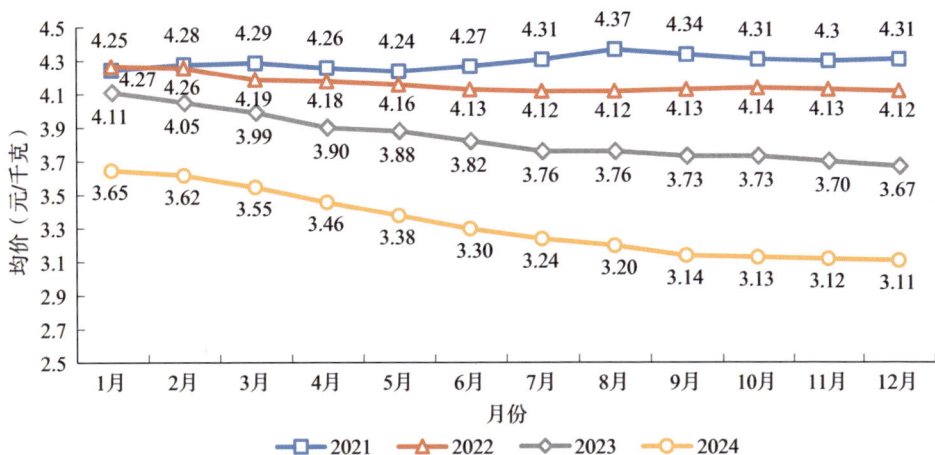

图3-7　2021—2024年主产区生鲜乳月度均价走势

数据来源：公开资料整理。

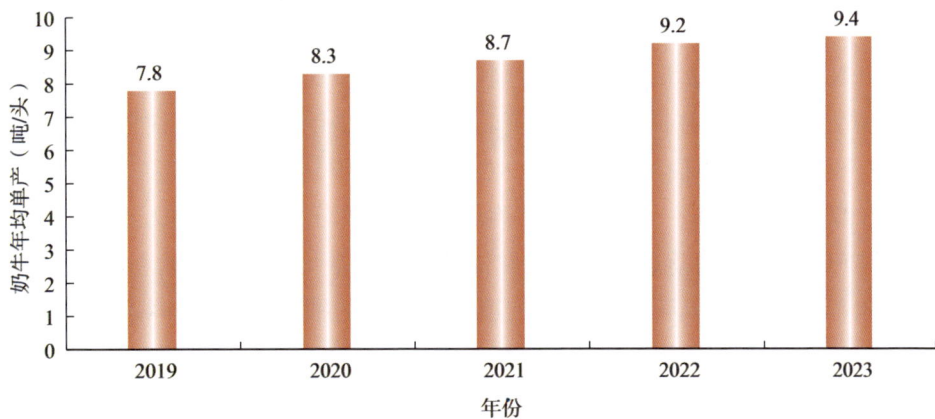

图3-8　2019—2023年奶牛年均单产

数据来源：公开资料整理。

　　四是生产集中度较为稳定。据《荷斯坦》杂志数据，2024年全国牛奶产量排名前10的省份分别是内蒙古、河北、宁夏、黑龙江、山东、河南、新疆、山西、辽宁和甘肃，合计牛奶产量3 372万吨，占全国牛奶总产量的82.7%，占比与2023年持平（图3-9）。2023年全国牛奶产量排名前20的地区主要分布在奶业主产区，即东北、西北和华北地区，排名前20地区所属省份牛奶产量均超过100万吨。

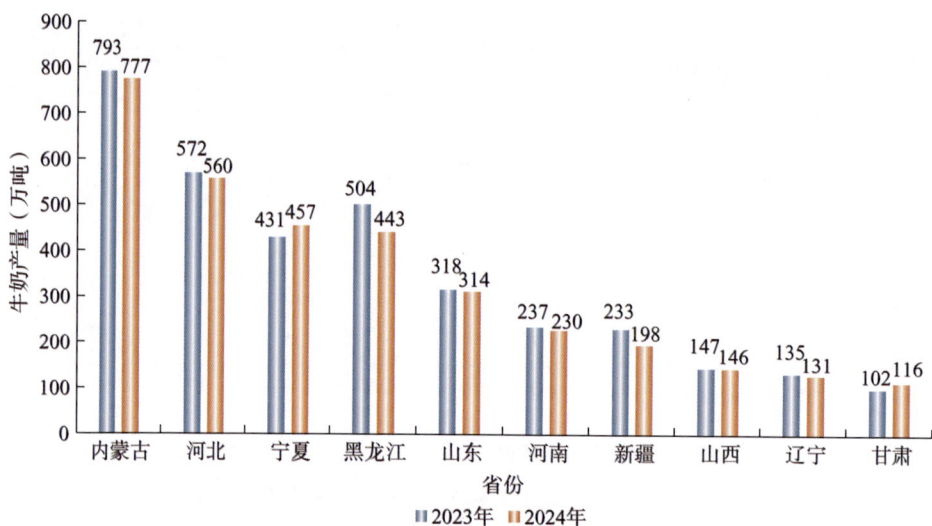

图3-9　2023年、2024年牛奶产量排名前10省份产量走势

数据来源：公开资料整理。

五是牛奶质量稳步提升。随着国内奶牛养殖的现代化水平不断提高，我国生鲜乳的品质日益提升。公开资料显示，2023年全国生鲜乳抽检合格率100％，乳制品总体抽检合格率99.8％，生鲜乳中乳脂肪和乳蛋白含量分别达到3.97％和3.29％，生鲜乳体细胞数和细菌数分别降至16.3万个/毫升和1.1万CFU/毫升，菌落总数、杂质和体细胞监测平均值分别符合国际和欧盟的限量标准，三聚氰胺等重点监控违禁添加物的抽检合格率连续15年保持100％。现阶段我国生鲜乳的平均品质已高于国标要求，据《农民日报》报道，2023年我国生鲜乳的乳脂肪平均值为3.91克/100克，乳蛋白平均值为3.28克/100克，均高于国家标准；菌落总数平均值为11.04万CFU/毫升，高于美国、新西兰标准；体细胞数平均值为16.32万个/毫升，高于美国、新西兰、欧盟标准。

（二）产业链中游

1.乳制品生产

乳制品生产是奶业生产的重要环节，是将原料奶转化为高附加值产品的关键过程。乳制品生产不仅可以延长牛奶保质期，提升其营养价值和经济效益，还可以推动奶业产业链延伸，并促进相关行业发展。因此，乳制品生产在奶业中扮演着至关重要的角色，是实现奶业增值和可持续发展的重要驱动力。2024年，我国奶业产业链中的乳制品生产环节主要呈现以下几个特点：

一是乳制品产量出现下滑。据国家统计局数据，2024年全国乳制品产量2 962万吨，与2023年的3 055万吨相比，下降3.04%（图3-10）。2024年生鲜乳喷粉产量显著高于2023年。据调研，2024年4—5月国内龙头乳企平均每天喷粉生鲜乳达2万吨，约占收奶量的25%；2024年6月国内龙头乳企平均每天喷粉量显著下降，降至约0.8万吨/天，约占收奶量的11%。从乳制品细分品类来看，2023年液体乳产量2 860万吨，同比增长2.79%；乳粉产量87.18万吨，同比下降1.38%；其他固态乳制品（炼乳、干酪、奶油等）产量约108万吨，同比下降65.96%。

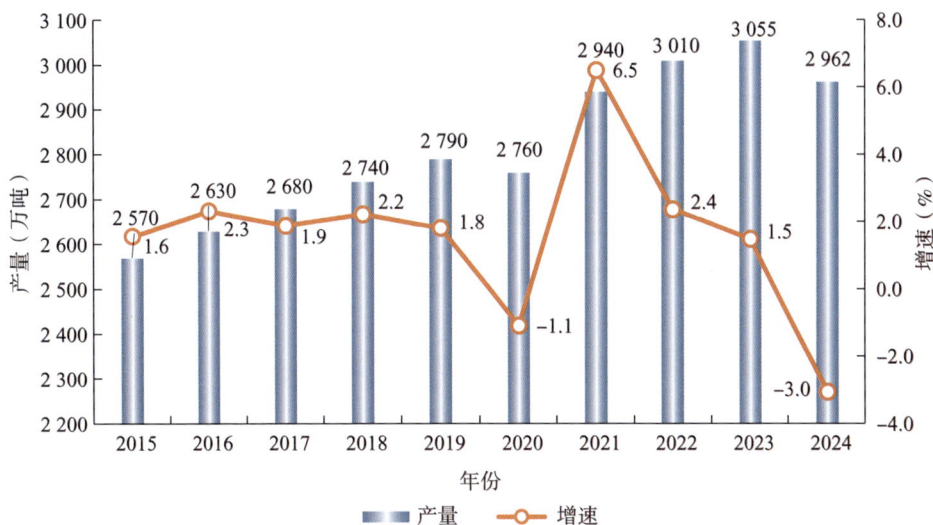

图3-10 2015—2024年中国乳制品产量

数据来源：公开资料整理。

二是乳制品质量显著提升。国家市场监管总局发布的公告显示，2023年，共抽检乳制品109 698批次，不合格146批次，合格率99.87%；共抽检婴幼儿配方粉8 453批次，不合格6批次，合格率99.93%。乳制品在监督抽检的34类食品中合格率最高，产品质量优秀。据中国乳制品行业协会数据，2023年度主流品牌婴幼儿配方乳粉质量大赛共历时11个月，抽检318批次，样品988

个，检测指标共有72项，检测项目除了标准规定的项目外，还特别增加了氯酸盐、高氯酸盐、消毒剂残留、氟苯尼考、香兰素、乙基香兰素等项目。经检验所有样品抽检项目均合格，31个品牌检测结果合格率为100%，充分证明我国国产主流品牌婴幼儿配方乳粉质量稳定优秀。据2024年南方奶业创新发展论坛发布数据，我国优质巴氏杀菌乳中乳铁蛋白等活性物质含量从2017年的10.4毫克/升提高到2023年的42.9毫克/升。据2024年国家奶业科技创新联盟工作推进会议显示，优质巴氏杀菌乳产量从2016年占全国巴氏杀菌乳总量的不足1%，扩大到2023年占全国巴氏杀菌乳总量的97%（图3-11）。

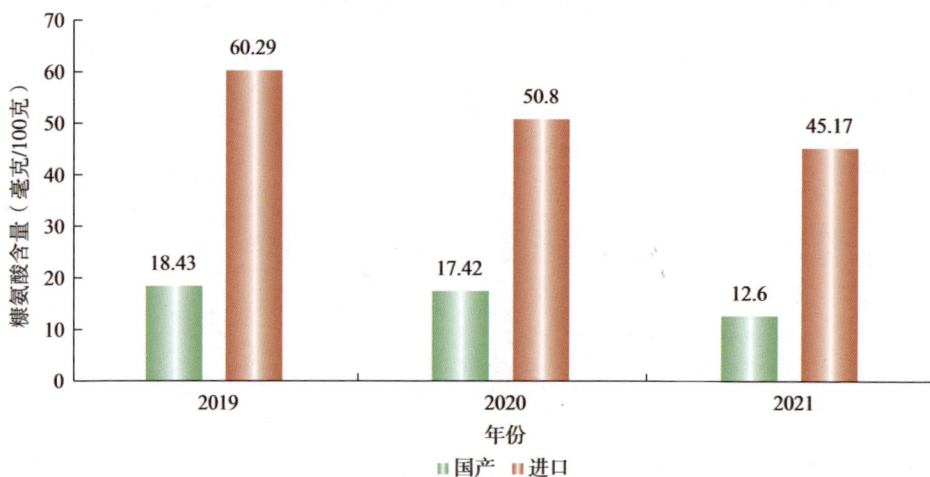

图3-11　国产与进口巴氏杀菌奶糠氨酸含量比较

数据来源：2024年国家奶业科技创新联盟工作推进会议。

三是乳制品研发速度不断加快。在乳酸菌领域，全球首创"常温活菌包埋技术"，实现"从0到1"的突破式创新，该技术率先开发出适合益生菌的耐热、耐酸、抗剪切的"舒适隔水微环境"。持续加强乳酸菌种质资源库、基因组共享数据库建设，建成全球最大、种类齐全的原创性乳酸菌种质资源库，乳酸菌保藏量增加至55 328株。乳酸菌精准筛选、产业化关键技术及高活性复合益生菌发酵乳加工关键技术取得突破，自主研发出BL-99、K56、ET-22等菌种，且这些菌种都已在伊利集团旗下系列产品中实现产业转化，取得较好的市场反响。

在液态奶领域，乳铁蛋白定向保护技术等不断取得新突破。常温纯牛奶中乳铁蛋白定向保留技术，突破乳铁蛋白在常温纯牛奶中无法保留的技术难题，建立了国际首条常温活性乳铁蛋白纯牛奶自动化生产示范线，实现常温纯牛奶中乳铁蛋白90％以上的保留率。创新纳滤（NF）过滤工艺，该工艺使蛋白质含量达到5.0克/100毫升，钙含量达到170毫克/100毫升，在保留更多优质营养的同时，减少了消费者"钠"摄入过多的负担。创新酸奶发酵剂，开发了一种弱后酸化的酸奶发酵剂JLB-1510，该技术为改善我国冷链运输系统不完善、发酵酸奶销售半径受限制和酸奶发酵剂长期依赖于国外进口的现状提供了实验数据。加强专业营养管理和生命科学创新研究转化领域双向赋能，如伊利集团旗下品牌舒化携手同仁堂推出创新产品"舒化无乳糖猴头菇牛奶"和升级款"舒化安糖健无乳糖牛奶"。

在奶粉领域，加强配方创新，"关键免疫营养素的挖掘及其在婴幼儿配方乳粉中的应用"项目荣获中国食品科学技术学会科学技术进步奖一等奖，开发出含有活性双蛋白（乳铁蛋白+骨桥蛋白）的金领冠系列婴幼儿配方奶粉。行业首创多重乳糖酶解技术，该技术可实现零乳糖，让乳糖不耐受者也能享受到舒适的营养体验。实现牛乳β-酪蛋白的绿色生产示范，让婴幼儿配方乳粉基料过分依赖进口的"卡脖子"问题得到缓解。首创"乳蛋白鲜萃提取科技"，该技术颠覆传统奶酪制作的点酸酶凝等工艺，深度"打开"乳蛋白的丰富营养。开辟"Pro59黄金配比技术"，该技术可实现奶粉中各类关键营养成分的均衡摄入与相互协同。发布乳制品行业首个《婴幼儿配方奶粉全球专利现状与趋势白皮书》，指出以伊利集团为代表的中国乳企在专利创新领域"强势追赶"，充分彰显中国乳业科技创新"加速度"。

在奶酪领域，开展奶酪风味技术创新，运用风味协同增效和风味稳态化调控两大关键技术，解析奶酪风味形成机理及代谢途径，并实现产业化应用。创新常温奶酪研发，伊利欧洲创新中心研发出常温稳定天然奶酪，填补了国际常温奶酪科技的空白。

在奶制品检测领域，开发出国际领先的质谱确证检测技术和牧场奶牛乳房炎预警防控系统，建立乳品安全风险因子溯源和监控体系，打破食品安全新发风险难以被精准控制的行业技术瓶颈。研发出加工食品质量安全检测关键技术，该技术可显著提升微生物污染的检测能力与准确性。开发出食品着色物质高通量筛查和确证系列检测技术，该技术能够高效准确识别并确认食品中的着色物质，保障食品安全与合规。在国际上率先开发制定乳铁蛋白检测方法，并制定农业行业标准《奶及奶制品中乳铁蛋白的测定　高效液相色谱法》。发布

《栅栏技术在乳品加工与质量安全控制中的应用指南》，明确栅栏技术在乳制品开发中的操作流程，填补该类空白。引入国际货架期管理科学规则，发布《乳制品货架期评估技术指南》。

四是乳制品企业在承压中稳步发展。从上市乳制品企业来看，截至2024年6月，28家上市乳制品企业的企业营业收入总额为1 798.4亿元，同比下滑7.65%，28家上市乳制品企业中仅有8家同比增速为正；净利润总额为120.66亿元，同比增长1.79%，28家上市乳制品企业中有19家实现赢利。从全国规模以上企业来看，2023年全国规模以上乳制品企业654家，主营业务销售总额4 621亿元，同比增长2.57%，高于食品制造业平均增速2.55%，在食品制造业7大行业中居第2位；利润总额394亿元，同比增长12.21%；销售收入利润率8.53%，同比增长4.53%。

五是我国乳业品牌影响力逐渐扩大。从荷兰合作银行发布的"2024年全球乳业20强"榜单来看，全球乳业20强中有2家中国企业，其中伊利集团稳居全球乳业五强，再次成为唯一进入全球五强的中国乳企，且十一年蝉联亚洲乳业第一。随着中国乳企进入全球乳业第一阵营，中国乳业在全球范围内的影响力和话语权逐渐提升。"品牌出海"正在加速，2024年中国乳企出海模式迎来从"投资出海"到"品牌出海"的转变，印度、东南亚、中东等地区成为诸多乳企海外布局重点。以伊利集团为例，目前伊利集团在亚洲、欧洲、美洲、大洋洲等乳业发达地区，已构建一张覆盖全球资源体系、全球创新体系、全球市场体系的骨干大网，全球合作伙伴超2 000家，在全球拥有15个研发创新中心、81个生产基地，产品已在60多个国家和地区上市；在全球资源体系方面，伊利集团在新西兰拥有大洋洲乳业和威士兰乳业，搭建横跨太平洋的"乳业桥梁"，在东南亚伊利印尼乳业生产基地和伊利泰国子公司已形成辐射东南亚市场的"双中心"格局，在美国首家旗舰店正式落户洛杉矶，包括安慕希、优酸乳、巧乐兹等核心大单品已通过美国FDA审批，同步登陆美国市场销售。

2. 包材生产

乳制品包材生产是奶业生产链中不可或缺的一环，对保障乳制品的质量、安全性和市场竞争力具有重要意义。优质的包材不仅能有效保护乳制品免受外界污染、延长保质期，还可保持其营养成分和风味。乳制品包材生产不仅关乎产品的安全和品质，还对奶业的品牌建设、市场拓展和可持续发展起到关键作用。2023年，我国奶业产业链中的包材生产环节主要呈现以下几个特点：

一是包材行业稳步发展。据中国包装联合会数据，2023年全国包装行业累计完成利润总额601.97亿元，同比增长9.46％，增速比2022年同期提高了23.47个百分点；规模以上企业10 632家，企业数比2022年增加72家；规模以上企业累计完成营业收入11 539.1亿元，同比下降0.22％，降速比2022年收窄0.48个百分点。从细分领域来看，2023年中国乳制品包装市场规模达483.64亿元；从业务涉及乳制品包装的上市包装企业来看，2023年10家上市包装企业营业收入为384.77亿元。

二是国产包材逐渐成长。随着我国无菌包装企业研制出更具性价比、与利乐公司灌装机完全兼容的无菌包装产品，国内液态奶企逐步将国内无菌包装引入供应体系。如山东新巨丰科技包装股份有限公司2023年占中国无菌包装市场销售量的比例约为10.5％，占中国液态奶市场无菌包装供应商销售量市场份额达到13.4％。国内乳制品包装企业开始以奶业大客户为核心逐渐扩大市场份额，稳步推进进口替代。

三是包材技术不断攀高。持续加强包装研究与技术攻关，开展"乳品包装保质关键技术及包装可持续研究""改善乳品包装可回收能力关键技术开发及产业化应用"等科技项目，开展乳品包装对货架期影响、乳品包装可持续、基于乳品包装NIAS（非有意添加物质）风险评估技术新材料开发、柔性高阻隔材料开发等研究与技术攻关。开发"干湿分离营养精准添加技术"，该技术实现按功能需要精准添加，有效地解决乳品配方中热敏性物质需要冷链运输、销售范围受限及产品货架期短等问题。开发"NIAS非靶向筛查技术"，该技术不仅可发现包装材料潜在风险物，还通过筛查结果积累多种材料安全物质信息，充实了残留物及迁移物质信息库。

四是绿色包装技术不断推进。启动可持续包装孵化项目，开发可在自然界彻底降解的乳品包装材料，该项目基于PiX新材料特性进行应用攻关，解决乳品包装材料的环保问题。加强可持续包装技术创新，行业首创长货架期不粘奶包装、高阻光母粒、自主知识产权吸氧剂、油墨可碱洗包装等多项行业领先技术。开发"微发泡技术"，该技术成功将发泡技术应用于低厚度（低于0.1毫米）的食品用塑料包装中，可实现在不改变材料性能的基础上减重10％以上，每年可减少塑料用量2 000吨以上，为乳企绿色低碳可持续发展贡献力量。

(三) 产业链下游

1.终端销售

乳制品终端销售是奶业生产链的终端环节，直接连接消费者与生产端，对奶业的整体发展和经济效益具有决定性作用。终端销售不仅是产品变现的关键渠道，也是市场反馈的重要来源。因此，乳制品终端销售在奶业生产中扮演着至关重要的角色，是实现行业价值闭环和持续增长的核心驱动力。2024年，我国奶业产业链中的终端销售环节主要呈现以下几个特点：

一是乳制品消费有所下滑。从消费总体来看，2024年中国奶类表观消费量为5 869万吨，同比减少4.6%，这是近年来奶类消费量最大降幅。从人均消费量来看，2024年中国人均奶类消费量降至41.5千克。从奶源自给率来看，按表观消费量和产量、贸易量计算，2024年奶源自给率为70.9%，比2023年高1.3个百分点，这也是自给率连续第三年回升。从销售价格来看，2024年终端市场乳制品价格继续下降。根据商务部市场监测数据，2024年末牛奶销售均价为12.18元/千克，同比下降1.6%，降幅小于2023年的3.6%；2024年牛奶全年销售均价为12.23元/千克，同比下降2.3%，降幅也小于2023年的3.5%（表3-2）。

表3-2　2024年中国各类乳制品价格变化情况

项目	年末		全年平均	
	价格（元/千克）	变动（%）	价格（元/千克）	变动（%）
牛奶	12.2	−1.6	12.2	−2.3
酸奶	15.7	−2.4	15.9	−1.8
国产品牌婴幼儿奶粉	224.7	−0.2	225.7	1.5
国外品牌婴幼儿奶粉	270.6	0.2	269.2	0.5
中老年奶粉	105.8	−0.1	105.6	1.6

数据来源：《中国乳业》。

二是消费结构以液态奶、奶粉为主。2024年中国乳制品消费结构以液体乳及奶粉为主要消费品类。其中液体乳占据最大的市场份额，占比为44.0%，液体乳所具有的方便饮用、种类多样、适合不同年龄段人群等商品属性促使液体乳成为中国消费者最主要的乳制品消费选择；乳制品消费第二大品类为奶粉，占比为32.5%，奶粉在中国市场有稳定需求，主要消费群体包括婴幼儿、老年人和一些特定需求人群，近年来成人奶粉市场也在逐渐扩大；占比第三的是酸奶及其制品，占比为20.8%，随着消费者健康意识的提高，酸奶因其富含益生菌、有助于消化等特点受到越来越多消费者的喜爱（图3-12）。

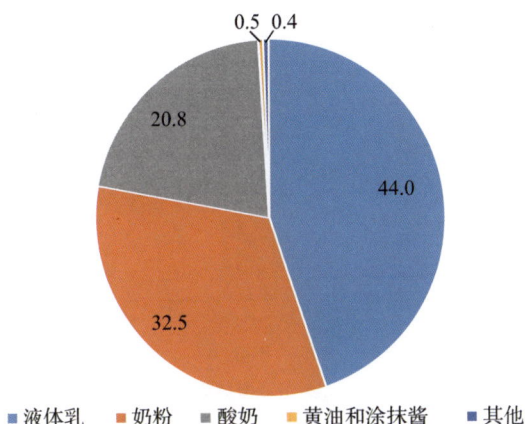

图3-12　2024年中国乳制品消费结构

数据来源：勤策咨询。

从液体乳消费细分市场来看，主要包括常温白奶和低温鲜奶。2024年中国液体乳消费市场中白奶占据绝大部分市场份额，占比高达83%，常温白奶的高占比得益于其较长的保质期和方便的储存条件，适合中国广大地域消费需求，尤其在物流配送和储存条件相对有限的地区更受欢迎。低温鲜奶的市场份额相对较小，只占17%的市场份额，但近年来随着消费者对新鲜度和营养价值的关注度提高，其市场份额具备一定增长潜力。低温鲜奶的消费通常集中在城市地区，因为城市冷链物流和销售渠道更为发达，能够保证产品的新鲜度。

从奶粉消费细分市场来看，主要分为全脂奶粉和脱脂奶粉。2024年全脂奶粉占比为97.5%，脱脂奶粉占比为2.5%。从口感方面来看，全脂奶粉保留了牛奶中的天然脂肪成分，冲调后奶香浓郁、口感醇厚，能够给予消费者更丰富饱满的味觉体验；脱脂奶粉在脱去脂肪的过程中带走一部分赋予奶粉醇厚风味的物质，使得其口感相对清淡、稀薄，再加上脱脂奶粉使用了脱脂技术，在后续的加工处理中还需要投入更多的技术和成本来确保产品质量与稳定性，使得脱脂奶粉市场售价普遍高于全脂奶粉。对于许多消费者而言，全脂奶粉的吸引力无疑更大（图3-13）。

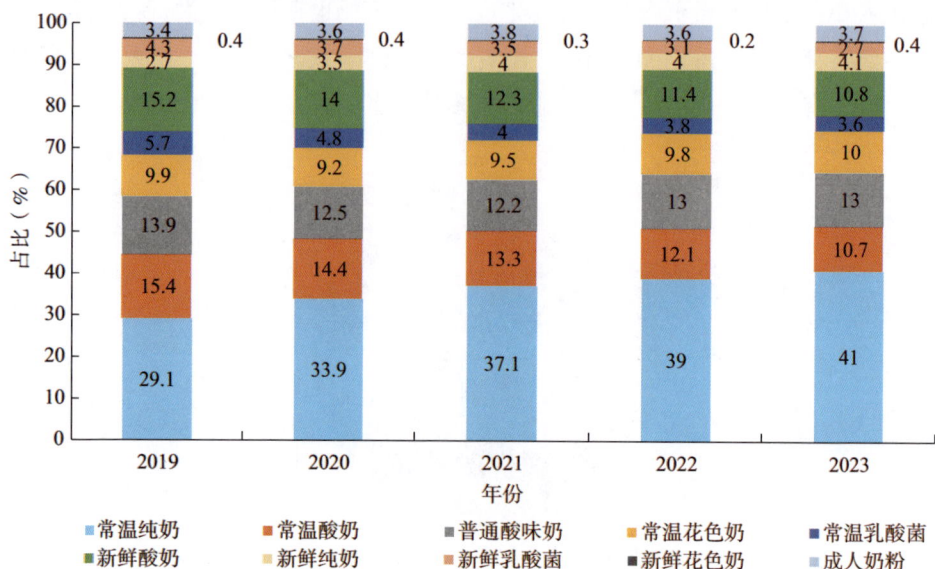

图3-13　2019—2023年不同品类奶制品销售额占比

数据来源：《2024中国乳品行业趋势与展望》。

　　三是消费意识逐步提升。据《2024中国奶商指数报告》，自2018年起，中国奶商指数稳步攀升、持续向好，2024年中国奶商指数得分为66.8分，较2023年增长2.7分，为近年来最大增幅。从三个具体维度来看：公众喝奶意识指数为89.6，比2023年增加了5.6，为历年最大增幅；喝奶知识指数为58.7，比2023年增加了2.7，为6年来最大增幅；喝奶行为指数为54.9，增幅虽稍显平稳，但也显露出积极的变化。从饮奶频率来看，《中国居民膳食指南（2022）》建议中国居民每人每天摄入乳制品300～500克，2024年达到这一标准的公众比例为35.6%，为历年最高，2023年仅为24.1%。从平均量来看，公众平均每日摄入乳制品约266克，为历年最高。2024年75.7%的公众能够做到每周至少5天摄入乳制品，但能够正确认知到每天应摄入300～500克的人不足六成。总的来说，公众喝奶呈现出"摄入量更多，达标率更高，喝奶更普及"的趋势。从不同消费人群来看，1995—2009年出生的"Z世代"奶商指数为67.1，略高于平均水平；喝奶达标率为35.9%，同样略高于公众总体水平；作为父母的"Z世代"奶商指数高达67.7，喝奶达标率也更高，为37.9%。同时，"Z世代"

在看电影、打游戏、看剧等场景中消费乳制品的比例显著高于公众总体，这表明，在"Z世代"中乳制品消费需求已经超越常规消费需求。

2. 乳品进口

我国不仅是奶业生产大国，也是乳制品进口大国。各类乳制品进口对维持奶业产业链正常运转具有重要的战略意义，不仅能够有效弥补国内资源和技术短板，还可推动奶业的高质量发展，进一步增强行业竞争力。2024年，我国奶业产业链中的对外贸易环节主要呈现以下几个特点：

一是乳制品进口大幅减少。2024年我国各类乳制品进口额为799.5亿元，同比下降5.0%；进口量276.8万吨，进口量折原料奶1 707.9万吨，同比减少8.8%，相当于2024年国内牛奶原料奶总产量的41.9%，进口量占世界乳品贸易总量（按2021年9 930万吨乳当量计）的17.2%。这是乳制品进口连续第三年下降。其中，进口干乳制品204.6万吨，同比减少8.0%；进口液态奶72.3万吨，同比减少13.5%。从进口品类来看，除黄油、炼乳和乳蛋白进口量有所上升外，其他乳制品进口量均出现不同程度下降，其中奶粉进口量降幅最大，减少17.9%，鲜奶、酸奶和乳糖进口量下降幅度都超过10%。2024年所有乳制品全年平均进口单价为4 115.1美元/吨，同比上涨2.4%，其中，液态奶进口均价上涨8.2%，干乳制品进口均价上涨0.6%（表3-3）。2024年国内外乳制品比价发生重要变化，缓解了困难形势下的进口压力。从进口大包粉来看，其折原料奶均价在2024年大幅升高，从年初最低时的3.24元/千克升至10月最高时的3.94元/千克，尤其在2024年5月进口大包粉折原料奶的均价超过国内原料奶收购价格，这是近10年首次，且之后进口大包粉折原料奶均价一直保持在国内原料奶收购价之上。

表3-3　2024年中国乳制品进口情况

品类	进口总量		进口单价		全年净进口原料奶		
	数量（万吨）	增速（%）	单价（美元/吨）	增速（%）	数量（万吨）	变动（万吨）	增速（%）
乳制品	276.8	−9.5	4 115.1	2.4	1 707.9	−165.1	−8.8
液态奶	72.3	−13.5	2 123.7	8.2	68.4	−11.9	−14.8
鲜奶	70.5	−13.4	2 116.8	8.3	67.5	−11.4	−14.4
酸奶	1.8	−16.2	2 396.4	5.9	0.9	−0.5	−36.9

（续）

品类	进口总量		进口单价		全年净进口原料奶		
	数量（万吨）	增速（%）	单价（美元/吨）	增速（%）	数量（万吨）	变动（万吨）	增速（%）
干乳制品	204.6	−8	4 818.5	0.6	1 639.6	−153.2	−8.5
奶粉	63.9	−17.9	3 636.9	−3.3	492.7	−118	−19.3
乳清粉	66.1	−0.3	1 227.1	−5.8	528.2	−1.8	−0.3
乳酪	17.3	−3.1	5 186.3	−4.5	171.7	−6.1	−3.4
黄油	13.6	4.2	6 949.6	10.1	104.7	1.9	1.9
炼乳	1.9	9.5	1 838.3	−19.2	13.3	1.8	16.1
婴配粉	20.9	−6.4	19 342.9	2.3	161.4	−12.1	−7
乳糖	15.2	−15.2	1 025.8	−8.9	121.7	−21.9	−15.2
乳蛋白	5.8	6.6	11 332.8	0.1	45.8	2.8	6.5

数据来源：《中国乳业》。

二是乳制品进口来源结构发生变化。受进口量下降及中国−新西兰乳制品贸易特保政策到期影响，2024年中国乳制品进口总量中42.0%来自新西兰，与2023年相比提高了3.3个百分点，逆转了近年新西兰在中国乳制品进口占比的下降趋势。其中结构变化最明显的为大包粉，2024年新西兰在中国大包粉进口中的占比高达82.0%，比2023年提高13个百分点，同样逆转了以前的下降趋势。

二、奶业供应链关键环节

随着全球供应链重构，中国奶业供应链的稳定性和可持续性关系到全产业链发展全局。2024年中国乳业供应链进入"量增利减"深度调整期。受原料成本高企和消费疲软双重挤压，超80%的牧场陷入亏损，北方主产区原奶过剩和南方区域性短缺的矛盾加剧。国内奶业头部企业纷纷采取绿色转型、技术创新、研发功能新品、精简经销网络等方式，对冲行业周期性波动。消费端乳制品供应保持增长，但面临着市场需求收缩及常温白奶价格竞争，行业发展承受短期压力。

（一）原辅材料、机械和包装端

1. 饲草料

饲草是草食畜牧业发展的物质基础，饲草产业在现代农业体系中占据重要地位，特别是高品质饲草料的供应，已成为奶牛养殖的核心环节。然而，我国饲草产业起步较晚，发展相对滞后，优质饲草料缺口较大、自给不足，供需缺口显著。相关数据显示，当前饲料成本占奶牛养殖总成本的60%~70%，这一比例凸显了饲草料在奶业供应链中的关键作用，也成为行业降本增效的重要环节。

从饲草料供应来看，我国饲草生产区域化集群加快形成，2023年全国人工饲草种植面积达到1.16亿亩，饲草总产量1.01亿吨，饲草种子年产量7.5万吨。从饲草料需求来看，我国乳制品消耗量整体呈现上升趋势，对优质饲草需求不断扩大，但全国优质饲草缺口近5 000万吨，其中优质苜蓿自给率仅为64%。从饲草料产区来看，我国饲草料生产主要集中在北方和西部草原地带，主要是内蒙古、新疆及东北三省等地区，这些地区拥有较好的自然条件和草场资源。从饲草料种类来看，青贮玉米是最重要的奶牛日粮，占全部配方中粗饲料的比例为30%~80%；苜蓿的黄金比例为30%~50%，燕麦草、羊草等占比不足20%。从饲草料流通来看，储草棚、青贮窖等设施加快配建，饲草加工设施设备持续升级改造，高密度草捆、草颗粒、裹包青贮等易流通草产品也在加快发展。从饲草料进口来看，我国是全球最大的牧草作物进口国，2024年1—11月进口干草累计120.69万吨，同比增长27.7%，主要进口的是苜蓿干草，来源国为美国（84.8%）、西班牙（8.3%）、南非（2.9%）等。从饲草料价格来看，受供需关系和国际情况影响较大，饲草料价格呈周期性变化，尽管价格持续下滑，但仍保持在高位水平。

根据2024年11月国家发展改革委、农业农村部、国家林草局联合印发的《关于推动饲草产业高质量发展的意见》，要求到2030年，全国牛羊优质饲草需求保障率达到85%，饲草种子自给率力争达到75%。伴随政策引导、技术创新和产业协同推进，利用盐碱地等土地资源，拓展饲草生产空间，扩大粮改饲面积，增加草产品供给，将加快本土化种植和国产替代，进一步支持奶业供应链降本增效。

专栏3-1 美国主要饲草出口商及其对中国的影响

美国是世界农业大国，在生产规模、技术水平和市场地位等方面拥有较大优势。美国出口饲草在全球饲草市场占据重要地位，尤其是苜蓿等优质奶牛饲草，在国际市场上具有较强的竞争优势。美国饲草主要出口商有ACX太平洋中西部公司、安德森（Anderson Hay & Grain Co., Inc.）、Forage Genetics International（FGI）等。

安德森：始建于20世纪40年代，是美国最大的苜蓿草及梯牧草等干草产品出口企业，也是美国最早出口干草产品的公司之一，主要出口市场有韩国、日本、中国和中东等地区，对中国出口牧草占比近70%。总部位于华盛顿州，拥有三个生产基地，各类干草产品年产能总量超过120万吨，提供从小型的半切捆包到封套的大型捆包等所有类型产品。对干草等级划分主要参考相对饲喂价值（relative feed value，RFV）、蛋白质、总可消化养分（total digestible nutrients，TDN）、干物质等，并将水分检测贯穿整个过程，以保证牧草产品的外观、水分和质量。其牧草产品分三个等级：优级RFV 175以上，蛋白质大于19%；一级RFV 140~175，蛋白质18%~19%；经济型RFV 135~140，蛋白质17%~18%。

ACX太平洋中西部公司：总部位于美国加利福尼亚州贝克斯菲尔德，是一家拥有逾35年牧草出口经验的全球供应商，向日本、中国、韩国和其他亚洲市场以及北非、中东等地区市场提供饲草和粗料。在美国和全球的主要牧草生长地区拥有牧场及饲草加工和存贮设施，并联通海港构建海上运输能力。提供所有奶业等级的苜蓿草、梯牧草和苏丹草等饲草产品。

FGI：蓝多湖乳业公司（Land O'Lakes, Inc.）的一部分，专注于开发、生产和销售紫花苜蓿及其他牧草种子，可提供超过70个苜蓿品种。其苜蓿开发历史可以追溯到20世纪50年代，是美国和国际市场上的行业领导者。该公司筛选出适合中国种植的独特环境需求的苜蓿品种，种植范围从新疆延伸到黑龙江北部。在提供种子销售服务的同时，也为中国的规模化商业苜蓿干草种植伙伴提供定制化解决方案，让其获得生长得更快更密和更高品质的苜蓿。

以"牧草之王"苜蓿为例，中国常年从美国进口苜蓿干草占本品类进口总量的90%左右，美国一家独大，是中国奶业发展的"卡脖子"环节之一。在中美贸易摩擦的背景下，会较大程度地影响到国内奶业和苜蓿产业发展。因此，随着我国乳制品消耗量上升、奶牛养殖量增加，解决优质饲草料中长期缺口，需进一步整合技术、土地、资金、政策等要素，持续提高优质牧草自给率。

2. 原奶

我国已稳居全球第三大牛奶生产国，产量规模仅次于美国和印度，领先于德国。然而，在经历高速扩张阶段后，我国奶业发展面临着供需失衡加剧、产能深度调整、消费持续疲软、进口冲击加大等多重结构性挑战。据中国奶业协会统计，2024年7月奶牛养殖行业亏损面超过80%，而本轮下行周期历时近3年半，原奶价格呈现下跌幅度大、持续时间长的特征。

从原奶供应来看，据国家统计局数据，2024年全国牛奶产量4 079万吨，下降2.8%，原奶供应过剩仍未得到有效缓解。2024年4—5月龙头乳企一度平均每天喷粉的生鲜乳达到2万吨，约占收奶量的25%，到2024年6月龙头乳企奶粉库存总量不低于30万吨。从原奶需求来看，2024年我国乳制品消费需求低迷，生鲜乳价格持续走低，人均奶类消费量较2023年有所下降，在下游消费不足的影响下，对原奶需求量未能回升，奶源供需错配情况依旧存在。从原奶价格来看，农业农村部数据显示，2024年12月中旬，主产区散奶价格一度上涨至3元/千克，但随即迅速回落至2.3元/千克，原奶供应全年呈现"价低、量少"特征，奶价和成本的倒挂是国家奶牛体系有记录以来的首次，加之饲料饲草、优质种牛等成本维持高位，导致牧场生存盈利压力巨大。

应对宏观环境挑战及原奶供应过剩形势，国家及主要奶源省份也出台了一系列政策，优化奶源区域配置，支持优质奶源基地建设，推动中小牧场升级改造，加快淘汰落后产能，鼓励开发新产品，提振乳制品消费，支持度过奶业调整阵痛期，提升奶业整体素质，确保供应链安全稳定。

专栏3-2　世界和中国黄金奶源带及国内主要原奶供应商

黄金奶源带，位于南北纬40°至50°之间的温带草原区域，是国际公认的优质奶牛饲养带。世界十二大"黄金奶源带"牧场，主要分布在大洋洲黄金奶源带（新西兰、澳大利亚）、欧洲黄金奶源带（荷兰、德国、法国、瑞士、爱尔兰）、亚洲黄金奶源带（中国、日本）、北美洲黄金奶源带（美国威斯康星州和明尼苏达州）和南美洲黄金奶源带（阿根廷）。世界各大黄金奶源带各具特色，共同为全球乳制品市场提供了优质的奶源。

中国黄金奶源带主要集中在东北地区及内蒙古、新疆等地区。内蒙古大草原地处北纬45°，拥有广阔的天然草原和人工草地，非常适合畜牧业发展，且内蒙古是中国乳文化的发源地，孕育了以伊利集团为龙头的两大国内乳业巨头。新疆地域辽阔，温带草原性气候适宜牧草生长，夏季日照时长可达16小时，是我国第二大牧区。东北平原作为我国畜牧业核心产区，拥有北纬42°黄金奶源带的区位优势，更有黑土地自然禀赋，适合种植优质饲草料，能够保障奶源的新鲜高品质，适宜娟姗牛优质培育，也诞生了辉山牛奶等品牌。黑土地和黄金奶源地的双重优势叠加，造就了专属于东北地区的"黑"金奶源带。

中国牧业企业进入规模化、数智化、绿色化的新发展阶段，为国内高品质奶源供应提供了良好支撑。

现代牧业，成立于2005年，总部位于安徽马鞍山，是中国规模最大的奶牛养殖上市企业。2024年，运营牧场近50座，奶牛存栏超40万头，年原奶产量突破200万吨，约占全国总供应量的5%。

优然牧业，总部位于内蒙古呼和浩特，是全球最大的原料奶供应商，伊利集团持股40%。2024年，覆盖中国北方80余座规模化牧场，存栏量超50万头，年营收突破200亿元。核心优势在于全产业链布局，涵盖奶牛育种、饲料生产及养殖服务。自主研发的基因改良技术推动单产突破13吨/年，建成国内首个奶牛克隆技术平台，成功培育高产克隆牛群体。

中国圣牧，总部位于内蒙古巴彦淖尔，是中国最大的有机原奶生产商，奶牛存栏量超12万头，其中90%为获得欧盟与中国双认证的有机奶牛。通过沙漠绿洲牧场模式，在乌兰布和沙漠种植超20万亩有机苜蓿，形成"种养治沙"循环体系。其原奶收购价较普通奶溢价30%，主要供应高端有机乳制品市场。

原生态牧业，位于黑龙江齐齐哈尔，聚焦寒地奶源带，存栏量超7万头，是黑龙江飞鹤乳业的核心供应商（70%原奶定向供应）。依托北纬47°的低温环境，其原奶乳脂率（≥4.0%）和乳蛋白率（≥3.3%）指标领先行业，支撑飞鹤乳业高端婴幼儿配方奶粉生产。

光明牧业，光明乳业全资子公司，华东地区最大牧业企业，存栏量超10万头。在上海崇明岛、江苏射阳县等地建有现代化牧场，实现城市周边150千米内鲜奶12小时直达，支撑光明牧业"新鲜战略"。

澳亚牧场，中国最大的独立牧场运营商，新加坡佳发集团旗下企业。在山东、内蒙古运营10座万头牧场，存栏量超12万头。客户包括明治乳业、新希望乳业等多元品牌，市场化销售占比达70%。推出"碳中和牧场"认证，通过碳汇林抵消牧场碳排放，成为星巴克中国乳制品碳中和计划独家供应商。

3. 饲料添加剂、兽药及疫苗、垫料等辅材料

辅材料涉及奶业供应链多个环节，直接影响着奶牛健康水平、原奶品质和养殖综合成本。尤其是饲料添加剂、兽药及疫苗、垫料等辅材料在奶牛养殖中发挥着重要作用。随着我国奶牛养殖规模扩大，对饲料添加剂的需求持续增

长。受技术创新、成本控制及生态可持续性等因素影响，国产奶业辅材料体系也在加快发展，为保持我国奶业供应链稳定提供有力支撑。

从饲料添加剂来看，据中国饲料工业协会数据，2024年全国饲料添加剂总产量达1 611.4万吨、增长7.0%，其中，氨基酸产量达602.6万吨、增长21.7%，维生素、矿物元素、酶制剂等产品产量有所下降。当前国内饲料添加剂供应商众多，大型饲料企业往往自建添加剂生产线，而小型饲料企业则多依赖外部采购，国际大型企业也占据一定市场份额。养殖企业和养殖户对奶牛健康、产奶量和品质的关注，以及消费者对高品质乳制品的需求，加强了氨基酸、酶制剂、维生素等添加剂科学使用的要求。此外，受原材料价格、生产工艺、技术研发投入等因素影响，饲料添加剂成本在奶牛养殖环节占比逐步上升。

从兽药及疫苗来看，随着养殖业快速发展，我国兽药及疫苗市场规模持续增长，但国内兽药及疫苗供应商众多、行业集中度偏低，龙头企业市场份额总体不高，且每年还需从国外大量进口，进口产品在高端市场占据一定份额。国内奶牛养殖庞大的规模，为兽药及疫苗创造了广阔的市场需求，对兽药及疫苗的刚性需求持续增长，特别是规模化养殖企业对优质、高效的兽药及疫苗需求更为迫切。兽药及疫苗研发成本通常较高，特别是生物制品类，从研发、临床试验到上市销售，需投入大量资金和时间，且原材料成本、生产工艺及质量管控等因素也会影响其价格。

从垫料来看，受上游原材料涨价、环保税增加等因素影响，奶牛垫料成本有所上升，且奶牛养殖对垫料品质的要求也在逐渐提升，随着新型垫料的推广应用，不断满足规模化养殖的需求，垫料市场规模也呈现扩大趋势。传统垫料供应来源广泛、供应充足，如稻壳、锯末等，多由本地加工企业或个体供应商提供，但天然材料的卫生性、耐用性存在局限，新型垫料供应商则通过扩大产能，开拓新的市场需求。优质垫料能为奶牛提供舒适的环境，有利于提高奶牛舒适度和增加产奶量，对优质垫料的需求还在不断增加。

我国奶业辅材料国内供应商快速发展和成长，将进一步充实我国乃至全球奶业供应链，在辅材料体系细分环节涌现更多单项冠军和小巨人企业，为奶业辅材料市场提供丰富稳定的供给选择。

专栏3-3　辅材料国内主要供应商及其国产化情况

伴随着我国畜牧业迅猛发展，辅材料国内供应商日益成长壮大，呈现出产业链延伸、产业专业化发展态势。

浙江新和成，成立于1999年，总部位于浙江绍兴市，中国精细化工百强、中国上市公司百强。其核心产品为维生素（VE、VA）、蛋氨酸等。拥有浙江新昌、浙江上虞、山东潍坊、黑龙江绥化4个生产基地。多类产品市场占有率位于世界前列，新和成现已成为全球最重要的维生素生产企业之一。新和成实现我国维生素E从基础原料到工业化一条龙生产；自主研发成功维生素A，结束我国维生素A长期依赖进口的历史；创制出拥有自主知识产权的维生素B_6合成工艺路线，并实现工业化生产；打造国内第一套拥有完全自主知识产权的规模化、绿色化、一体化蛋氨酸生产装置，打破国际巨头市场垄断。

蓝星安迪苏，中国化工集团旗下骨干企业——中国蓝星公司于2006年全资收购法国安迪苏集团，是中国精细化工行业的第一例海外并购。在南京建设世界级液体蛋氨酸工厂，是中国首座液体蛋氨酸工厂，填补了中国作为世界蛋氨酸消费最大国在蛋氨酸生产领域的空白。2012—2023年，安迪苏蛋氨酸产品的市场占有率从23%提升至28%，液体蛋氨酸全球产能占比达58%。

梅花生物，成立于2002年，总部位于河北廊坊，是世界氨基酸品类最多、产业链最长的生产企业之一。核心产品为赖氨酸、苏氨酸、色氨酸、饲料级核苷酸。在中国黄金玉米带建有内蒙古通辽、新疆五家渠、吉林白城三大生产基地，氨基酸产能超300万吨。赖氨酸产能稳居行业榜首，占比高达26%；苏氨酸产能以27%的占比位居榜首，反刍动物专用氨基酸覆盖全国60%规模化牧场。

溢多利，成立于1991年，总部位于广东珠海。亚洲最大的酶制剂生产企业。核心产品为饲用酶制剂（植酸酶、木聚糖酶）、替抗添加剂等，饲用酶制剂国内市场占有率第一。在广东、湖南、内蒙古建有1个生物科创园和4大生产基地，在国内25个省份及海外60多个国家和地区建有完善的营销网络。

蔚蓝生物，成立于2005年，总部位于山东青岛。核心产品为益生菌（枯草芽孢杆菌、乳酸菌）、酶制剂、功能性寡糖等。2023年饲料添加剂营收达12亿元，其中益生菌占比60%。反刍动物益生菌市占率30%，用于提升奶牛瘤胃效率，可增加5%产奶量。耐高温乳酸菌（存活率95%以上）填补国内空白。

中牧股份，成立于1998年，总部位于北京。隶属于大型综合性农业中央企业中国农业发展集团有限公司。我国兽药行业的重要组成企业，农业产业化国家重点龙头企业，高致病性禽流感、口蹄疫等重大动物疫病疫苗定点生产企业。作为国内最大动物疫苗生产商，兽药业务政府招标苗占比高，口蹄疫O型/A型二价苗覆盖全国大部分规模化牧场。

生物股份，成立于1993年，总部位于内蒙古呼和浩特。核心产品为基因工程口蹄疫疫苗、布鲁氏菌病疫苗等。公司拥有口蹄疫和高致病性禽流感两大强制免疫疫苗的定点生产资质，工艺技术和产品质量保持国内领先水平。建有兽用疫苗国家工程实验室、农业农村部反刍动物生物制品重点实验室和国家高级别生物安全实验室，打造动物疫苗研发技术创新平台。

4. 机械设备

畜牧机械行业是现代农业的重要支撑。随着我国奶牛养殖业向规模化、集约化、智能化、绿色化发展，在饲料加工、畜禽饲养、畜产品采集与加工等多个环节，越来越多专用机械设备得以部署和使用。农业农村部在《关于加快畜牧业机械化发展的意见》中明确提出，到2025年畜牧业机械化率总体达到50%以上、奶牛规模化养殖机械化率达到80%以上的发展目标。

从饲草加工来看，在政策支持、技术进步、产业升级和市场需求等因素共同作用下，催生出更多饲草料加工机械应用需求，割草机主要用于提升饲草切割效率；约翰迪尔、凯斯纽荷兰等国际厂商占据着领先地位，其产品技术先进且质量稳定；山东五征集团等国内企业的产品则拥有较高的性价比。打捆机主要采用压缩技术打出密度高、形状规则的草捆，以便于草捆储存和运输；克拉斯、库恩等国际厂商占据高端市场，实现了无人驾驶和高密度打包；山东五征集团、中联重科、中国一拖等国内企业也在不断提升本土产品自动化技术水平。青贮料收获机主要用于提高收获效率和青贮质量；约翰迪尔、凯斯纽荷兰等国际厂商处于市场领先地位，其产品技术成熟、性能可靠；雷沃重工等国内企业加大研发力度，取得切碎装置、动力匹配等方面突破。饲料搅拌机（TMR混合机）主要通过精准配料提升饲草利用率，以维持饲料质量稳定性；美国Roto-Mix等国际厂商产品，具备精准的配料系统和高效的搅拌性能；司尔特、京鹏环宇等国内企业产品，也在国内市场取得一定份额。青贮取料机主要用于从青贮窖或青贮堆中高效、均匀提取饲草；贝克、荷兰达可等国际厂商占据高端产品市场，在头部牧场渗透率较高；山东五征集团、中联重科等国内企业以中端市场为主，多占据国内中小型牧场。撒料车主要根据牧场布局、奶牛采食区域等条件，精准控制撒料量和撒料范围；司达特等国际厂商产品拥有精准的撒料控制和良好的可靠性，河北农哈哈、天邦科技等国内企业则具有本地化服务优势。

从饲养管理来看，伴随我国奶牛养殖场规模化发展，养殖饲养机械设备向自动化、智能化、绿色化发展。牛舍环境控制设备主要通过物联网技术实时监测牛舍环境参数，可实现远程监控与自动调控。丹麦蒙特等国际厂商，其产品广泛应用于全球大型现代化牧场，可精准调控牛舍内温湿度、空气质量等条件，确保奶牛处于最佳环境；京鹏环宇等国内企业的环境设备，通过提供本地化服务与定制化方案，也在国内市场占据一定份额。挤奶设备主要根据奶牛生理状态自动完成挤奶操作，实时监测牛奶质量，提高挤奶效率与奶牛舒适度，并支持通过数据分析为牧场经营管理提供支撑。瑞典利拉伐是全球挤奶设备行业领军者，涵盖挤奶机器人等多类设备，先进的挤奶技术与精准的牛奶质量检测系统保障了挤奶效率与牛奶品质，在全球市场拥有极高占有率；上海光明荷斯坦等国内企业的挤奶设备性价比高，在国内中小规模牧场应用广泛。犊牛培育设备主要根据犊牛生长阶段精准控制奶量与喂养时间，提高犊牛成活率与生长速度。德国大荷兰人公司是国际领先厂商，犊牛岛、自动喂奶系统等产品，可通过智能分析及时发现犊牛健康问题并预警，为犊牛提供良好的生长环境与精准的营养供给；河北顺邦农业机械等国内企业的犊牛培育设备价格亲民、实用性好，通过传感器监测犊牛体温、活动量等指标，为犊牛健康管理提供数据支持，能够满足国内牧场基本需求。

随着农业现代化步伐的加快，畜牧机械在畜牧养殖中的作用日益凸显，成为推动畜牧业提质增效的关键力量。通过政策引导和资金投入，加大对奶牛养殖机械化的支持力度，鼓励奶牛养殖企业采用先进的畜牧机械，有助于持续提升我国奶业供应链的效率。

5. 包装材料

乳制品包装作为奶业供应链的核心环节，在产品流通中发挥着保护产品、方便贮运及促进消费的关键作用。主流包装材料以复合纸基和塑料容器为主，占据液态奶市场主导地位；玻璃瓶、金属罐等传统材质因环保属性和高端定位，多用于特殊工艺乳品或礼品场景；可降解材料则在环保领域多有应用。全球乳品包装行业正在经历深刻变革，环保政策驱动行业整体向低碳、可循环方向转型。

从纸基包装来看，利乐包是由全无菌生产线生产的复合纸质包装，满足消费者对牛奶品质和保质期的要求。国内常温奶市场的下沉扩张，使得利乐包需求旺盛。利乐公司作为行业巨头，在市场中具有领先的技术优势和品牌优势；国内企业纷美包装近年也快速发展，提供具有性价比的利乐包替代产品。屋顶盒具有良好的保鲜性能和可印刷性，满足消费者对低温奶新鲜度和品质的要求，广泛应用于环保要求较高的市场。瑞典SIG企业具有领先的屋顶盒生产技术，在全球多个国家设有工厂，具备大规模生产能力和高质量产品；国内企业纷美包装的屋顶盒产品，凭借性价比优势，在国内低温奶市场占据一定份额。

从塑料包装来看，塑料包或塑料瓶具有成本低、柔韧性好、易加工成型的特点，在乳制品包装市场得到广泛应用。聚乙烯（PE）材料主要满足袋装牛奶和部分常温酸奶的包装要求。沙特基础工业SABIC等国际企业，凭借先进生产工艺和大规模产能，在全球市场占据了重要地位；国内企业中国石化、中国石油旗下塑料生产企业，也具备大规模PE生产能力，为国内市场提供充足的原料供应。聚对苯二甲酸乙二酯（PET）材料主要满足风味奶和乳饮料的包装要求。Indorama Ventures等国际企业，在全球市场占有较高份额；

国内企业紫江公司生产的PET瓶技术领先，为国内市场提供质量可靠的包装供应。

从玻璃包装来看，玻璃瓶具有化学性质稳定、最大限度保持牛奶风味的特点，满足部分高端牛奶和传统巴氏杀菌奶的保障要求，可回收使用，具有较好环保性，但玻璃瓶重量大、易破碎，大规模运输和储存方面存在一定局限性。国际龙头欧文斯伊利诺斯（Owens-Illinois）为全球高端牛奶品牌提供包装，具有较高市场占有率；国内企业山东华鹏在玻璃瓶的生产上具备一定规模和实力。

从金属包装来看，金属罐具有良好的阻隔性、耐腐蚀性和抗压性等特点，满足特殊配方牛奶、高端牛奶产品、奶粉的包装要求，但其成本较高。皇冠（Crown）、波尔（Ball）等国际厂商在全球市场占据主导地位，利用先进的制罐技术和大规模生产能力，生产供应质量可靠的产品；国内企业奥瑞金科技等在国内市场有一定份额，主要为国内奶业品牌供应金属包装。

随着奶业供应链绿色化低碳化发展，可生物降解材料（PLA/PHA）正在加快发展。为应对各国环保政策要求，部分有机牛奶品牌为突出其绿色环保特性，多采用可生物降解材料包装，但PLA的耐热性差（$\leqslant 55\,℃$）、PHA的量产成本较高，大规模推广还存在一定限制。美国Nature Works、意大利Novamont等国际厂商的可生物降解材料生产处于领先地位；国内企业金发科技等也积极布局可生物降解材料业务，以满足国内市场可生物降解包装材料的需求。

↓

专栏3-4　包装材料国内主要供应商及其国产化情况

近年来，国家及地方出台推动包装行业发展的促进政策，国内企业加大包装材料研发投入，不同材质包装市场规模逐步扩大，形成一定的竞争优势和品牌力。

纷美包装，成立于2001年，是全球液体食品无菌包装综合供应商，面向液体乳制品及非碳酸软饮料生产商提供无菌卷筒包装材料和辊式送料灌装机支持服务，是当前国内唯一能与利乐公司竞争的无菌包装企业，实现了"无铝箔"纸基包装自主研发，突破利乐公司专利壁垒，掌握无菌灌装核心工艺。与新希望集团、卫岗乳业等企业建立合作关系，在国内低温奶包装市场占有率逐步提升，成功打破国际品牌的长期垄断局面。

新巨丰，成立于2007年，专业生产液体食品无菌包装材料，是向全球乳制品及非碳酸软饮料企业提供液体食品无菌包装材料的综合方案提供商。拥有2个制造基地，总占地面积16万平方米，总产能达180亿包。产品通过ISO 9001、ISO 14001、ISO 45001、FSSC 22000管理体系认证，有效保障产品质量、环境、职业健康安全及食品安全。专注生产中端无菌包装，拥有突出的成本控制能力，通过绑定伊利集团核心供应商，逐步提升国内市场占有率。

紫江企业，成立于1981年，国内乳饮料PET瓶龙头企业。凭借先进生产工艺和大规模生产能力生产的PET瓶质量可靠，满足了风味牛奶饮料等市场对PET瓶包装的需求，在国内塑料包装市场占据重要地位，实现了对进口PET瓶包装的有效替代。通过自主研发和技术引进，在PET瓶的轻量化、环保化等方面取得突破，持续推进国产化替代。未来将继续加大研发投入，加强与上下游企业合作，共同研发新型塑料包装材料，巩固在国内市场的优势地位。

山东华鹏，成立于2001年，专业从事各类中、高档玻璃瓶罐和玻璃器皿的研发、生产和销售。连续多年荣获"中国轻工业日用玻璃行业十强企业"称号，是国内高端鲜奶玻璃瓶核心供应商，打破Owens-Illinois垄断，在国内市场具有较高的占有率。轻量化玻璃瓶达到国际先进水平，破损率降至3%；定制化印刷技术提升品牌溢价。与三元食品、光明乳业、新希望乳业等客户合作，玻璃瓶鲜奶销量实现大幅增长。

金发科技，成立于1993年，聚焦高性能新材料的科研、生产、销售和服务。作为国内可生物降解材料领域的领军企业，其产品已广泛应用于牛奶包装领域，具有可生物降解、环境友好、良好加工性等特性，助力国内乳制品企业实现绿色包装转型，在推动国产化替代方面发挥了关键作用。与乳企合作试点PLA酸奶杯，获碳积分补贴抵消。

（二）乳制品加工和运营端

1. 液体奶类

随着我国经济快速发展和人民生活水平不断提升，消费者对高品质液态奶的需求日益增长。我国液态奶行业的竞争格局日益激烈，市场份额逐渐向龙头企业集中。伊利集团作为行业龙头，凭借其全国性渠道布局、多元化产品矩阵以及高端化战略，占据了较大的市场份额。光明乳业、三元食品、新希望乳业等区域性企业在液态奶市场中也占据了一定的份额，新兴品牌则通过聚焦细分市场实现快速崛起。

从鲜奶来看，巴氏杀菌乳和灭菌乳深受国人喜爱，消费者对高品质鲜奶的需求保持快速增长。在原料接受和预处理环节，原奶要通过高精度乳成分分析仪、微生物快速检测仪器等设备检测，而巴氏杀菌乳对微生物指标要求更严格，需采用多层滤网设备，高精度过滤原奶中的杂质，精准调整脂肪、蛋白质等成分比例。在加工制造环节，巴氏杀菌乳采用巴氏杀菌工艺，可以最大限度保留营养成分与天然风味；灭菌乳则采用超高温灭菌工艺，将脂肪球均匀分散后灌装至利乐包、玻璃瓶等包装容器。鲜奶还需完成理化指标、微生物指标、感官指标等方面检测。

从酸奶来看，我国酸奶市场规模保持快速增长态势，消费者对酸奶的功能性诉求日益增多。在原料接受和预处理环节，对用于酸奶生产的原奶，还需要着重评估其乳糖含量、发酵性能等，并进行特殊预处理，优化发酵条件，促进菌种发酵；在加工制造环节，要接入特定乳酸菌种，形成酸奶独特的风味与质地，按需添加水果、果酱、坚果等配料，选用塑料杯等进行灌装，并加强乳酸菌等有益菌监控。此外，含乳饮料对原奶的质量要求相对稍低，通常会根据含乳饮料配方，准确调配各种原料比例，进行乳化、均质等工艺处理，装入塑料瓶、易拉罐等包装材料。

2024年全国乳制品产量已达到2 961.8万吨，其中，液体奶仍然是我国消费者使用的主流产品。但我国人均奶类消费量远低于全球和亚洲平均水平，仅达到全球平均水平的40%。预计到2030年，我国人均乳制品消费量有望突破50千克，乳制品的市场空间和消费潜力仍有待被进一步激发。

↓

专栏3-5 国内乳制品部分生产商及其主要品类情况

国内乳制品企业形成了"头部领跑+区域深耕+细分突围"的行业格局。

伊利集团，成立于1993年，位居全球乳业五强，十一年蝉联亚洲乳业第一，中国规模最大、产品品类最全的乳制品企业。主要乳制品涵盖液态奶、奶粉、酸奶、冷饮、奶酪等品类，产品线极为丰富，并重点布局发力高端奶制品，满足不同消费者日常饮用与特定健康功能需求。在亚洲、欧洲、美洲、大洋洲等乳业发达地区构建了一张覆盖全球市场体系的骨干大网，产品销往60多个国家和地区。

光明乳业，成立于1996年，中国领先的高端乳品引领者，是华东市场绝对龙头。主要乳制品涵盖液态奶、酸奶、奶粉、奶酪、含乳饮料等品类。通过低温鲜奶的高端化、功能化升级，以及对冷链效率的把控，在区域市场形成较强的竞争优势。自建销售终端已经遍布全国，拥有2 000多个经销商和80万个有效销售网点，推动各类乳制品销往全国。

君乐宝乳业，成立于1995年，是农业产业化龙头企业、国家高新技术企业、国家乳品加工技术研发分中心。主要乳制品涵盖婴幼儿奶粉、酸奶、低温鲜奶、常温液态奶等品类。注重产品口感和风味的研发，给消费者带来丰富的味觉体验，在营养配方科学合理的基础上，平衡口感与营养。

中国飞鹤，始建于1962年，是全国乳品行业龙头企业，也是中国最早的奶粉企业之一。主要乳制品涵盖奶粉、辅食、功能营养品等品类。飞鹤奶粉连续多年保持国内市场第一，连续2年居全球市场第一。婴幼儿奶粉配方科学、营养丰富、功能性强，满足从孕期到学龄前儿童不同阶段需求。

新希望乳业，从2001年起进入乳制品行业，通过收购、兼并和重组成为区域行业龙头，整合资源完成全国产业布局。主要乳制品涵盖低温鲜奶、酸奶、含乳饮料等品类。开拓女性保养、老年健康等细分市场新产品，并与B端合作面向茶饮企业供应优质奶源。

2. 干乳制品类

当前，我国奶业正处于结构性调整的关键期，面临着原料奶供应过剩、喷粉库存压力大、奶牛养殖和乳制品加工企业效益下滑等诸多挑战。与此同时，我国干乳制品消费水平却明显滞后。据统计，2023年我国人均奶酪消费量（折原奶计）仅为1.3千克，占奶类消费总量的3%，远低于欧美国家30%～50%的消费水平。奶酪等干乳制品保质期长、形式多样，是消化过剩奶源的关键路径，我国干乳制品发展有着较大的市场潜力。

从奶粉来看，在原料接受和预处理环节，通过运用高精度检测设备、深度过滤与多级离心净化技术，可确保符合奶粉生产标准，依据不同奶粉配方，精准控制蛋白质、脂肪、矿物质、维生素等成分添加量；在加工制造环节，经浓缩工艺降低原奶水分，再借助喷雾干燥设备，使奶粉颗粒均匀度达95%以上，部分特殊奶粉还需经过二次干燥等工序，选用金属罐或复合塑料袋进行包装；在奶粉生产过程中，除常规检测外，还需把控溶解性、颗粒均匀度等指标。从乳清来看，在原料接受和预处理环节，乳清是干酪或干酪素生产的副产物，要求确保其新鲜度和质量，并经过过滤和离心，调整各成分比例；在加工制造环节，通过蒸发浓缩去除水分，采用喷雾干燥或冷冻干燥等方式将浓缩乳清制成粉末状产品，采用塑料袋或铝箔袋进行包装，并按要求完成相关指标检测。从奶油来看，在原料接受和预处理环节，需从优质奶源中获取富含脂肪的部分，通过离心分离技术提纯脂肪，调整脂肪含量，并对分离出的稀奶油进行标准化处理，调整脂肪、蛋白质和水分等成分比例；在加工制造环节，添加少量稳定剂等添加剂，生产稀奶油产品，采用塑料瓶或纸盒包装，经搅拌、分离乳清等工序，使脂肪聚集生产固态黄油产品，产品采用铝箔或塑料材料包装；并着重对脂肪含量、酸价、过氧化值等指标进行检测。从奶酪来看，在原料接受和预处理环节，对原奶蛋白质、脂肪含量及微生物指标要求严格，并需保证发酵剂、凝乳酶等辅材料供应，依据干酪品种，精确调整原奶脂肪、蛋白质比例；在加工制造环节，通过添加凝乳酶使蛋白质形成凝块，经切割、搅拌、加热排出乳清，再经压榨、盐渍、成熟工序，形成不同风味与质地的干酪产品，对硬质干酪采用蜡纸、铝箔包装，而软质干酪采用塑料包装。从炼乳来看，在原料接受和预处理环节，检测脂肪、蛋白质、乳糖等指标，确保符合炼乳生产要求，依不同炼乳产品配方，调整原奶成分比例；在加工制造环节，通过采用蒸发浓缩工艺，去除原奶大量水分，添加糖等辅料，并完善杀菌处理，选用密封性好的金属罐或玻璃瓶进行包装。

根据中国奶业协会发布的《中国乳制品消费扩容提质指导意见》，提出的重点任务包括推进原制奶酪等干乳制品生产消费，开发适合国人口味的奶酪产品以及功能型、风味型乳粉等干乳制品，进而优化液态奶与干乳制品生产比例。当前我国干乳制品消费市场仍以奶粉为主，未来奶酪将成为重要突破口，促进消费者从"喝奶"向"吃奶"转变，干乳制品也将成为国民日常食品消费中的重要组成部分。

（三）物流、仓储和配送端

1.物流环节

物流是连通全国乃至全球范围奶业供应链的关键环节。我国奶源供应集中区与乳制品消费核心区呈现区域性错配特征，构建跨区物流网络及具有高效调度能力，是保障奶业供应链稳定性的重要支撑。现阶段我国乳制品消费以液态奶为主，对原奶和乳制品物流均具有较高要求，特别是对冷链物流的需求较高，且乳制品保质期较短，要求流通环节具备高效的物流系统及快速的周转能力。

从跨区调拨来看，我国约70％奶源供应集中在内蒙古、黑龙江等北方地区，主要消费需求位于华东、华南等东南部区域，且冬季原奶产量也会有所下降，要提前调度海外奶源供应，应对自然灾害影响或面对市场需求激增，还需启动跨区域调度。从物流网络来看，奶业物流网络串联全国奶源收集地、加工厂、区域配送中心、销售终端等节点，主要乳企采用辐射式网络和分布式仓储构建乳业物流网络，实现不同区域乳业物流网络协作；此外，随着电商渠道蓬勃发展，乳制品可以通过快递、零担货物运输等物流方式触达消费者。从冷链物流来看，乳制品对温度较为敏感，从奶源到乳制品成品全程都需要冷链，生鲜乳运输温度要控制在 $2\sim6℃$，酸奶、低温鲜奶等产品运输温度要控制在 $2\sim8℃$，奶酪、黄油等冷冻产品运输温度则要在 $-18℃$ 以下。从运输工具来看，不同产品需不同运输工具，冷藏车是乳业运输主要工具，厢式冷藏车用于长途运输鲜奶、酸奶等产品，保温冷藏车用于短途配送或城市内配送，铁路冷链运输用于长距离、大批量乳制品的运输，航空运输用于高端鲜奶、保质期短的新品等时效性要求极高的产品，无人冷藏车、无人机等新型配送工具也在逐步试点推广。

近年来，乳业供应链物流环节逐步向智能化、绿色化、全球化方向发展，

"双碳"政策驱动乳企加速布局碳足迹管理，加快构建更敏捷、更高效、更绿色的乳品运输体系，有力保障"从牧场到餐桌"的鲜奶品质和供应链韧性。

专栏3-6　奶业社会化物流发展情况

随着我国物流基础设施逐步完善和现代物流业高速发展，奶业社会化物流正在向生态共生发展。在荷兰、美国等奶业发达国家，引入第三方物流公司承担生鲜乳运输是构建奶业供应链网络的重要一环。当前，国内社会性物流公司也已进入生鲜乳领域。大型乳企往往以"自营＋第三方"混合模式运营，干线运输自营保障核心品控，末端配送外包降本增效，而中小型乳企普遍将冷链运输、城市配送等全环节委托给顺丰冷运、京东物流等第三方物流企业。物流企业则由全国性行业龙头、区域性服务商及垂直专业化公司提供多层次物流服务，形成众多典型场景发展案例。

伊利乳业＋顺丰集团。依托顺丰已有的网络布局和科技优势，完善体系构建及运营方式，针对伊利乳业的产品体系和服务能力，为伊利乳业提供综合物流解决方案，打造一站式智慧供应链服务，集成高效、稳定、可靠的服务，在冷链物流和仓储管理等领域，实现资源的最优配置与高效整合。

飞鹤乳业＋京东物流。联合打造现代化全国中央物流配送中心（哈尔滨），作业效率提高40%，成本降低25%，可同时满足飞鹤9个奶粉生产基地集中存储与配送全国的业务；联合打造全国首座物流标杆仓（武汉），辐射黄河以南区域的线上业务，通过京东物流精准的仓网规划和高效的211时效履约，飞鹤乳业实现了28天新鲜直达。

2. 仓储环节

乳制品对贮藏环境的温度控制、时效性和操作精度等条件要求较高，众多乳企纷纷采用数字化、智能化、绿色化技术手段，提高仓储管理效率、降低经营成本。随着智能仓储设备及自动化技术的推广应用，借助高精度温度、湿度、气体成分等传感器部署，自动化货架、穿梭车等智能设备使用，以及大数据分析和辅助决策，提高了奶业库存管理水平。

从冷库建设来看，针对不同乳制品冷藏需求建设部署不同类型冷库。预冷库用于刚收购生鲜乳或刚下线乳制品的快速降温，迅速降低温度，有效抑制微生物活性；冷藏库用于储存需在低温但不冻结状态下保存的乳制品，如酸奶、巴氏杀菌奶等，温度控制在2~8℃，通过自动化温控系统实现±0.5℃精准调控；冷冻库用于储存冰淇淋、冷冻奶酪等乳制品，温度一般在-18℃以下。从仓库管理来看，智慧仓库和数据分析为合理规划乳制品库存提供新的支撑。伊利集团整合天猫超市、社区团购等多元渠道，根据订单来源自动分配最近仓库，使订单履约时效大幅提升；光明乳业牵头搭建长三角冷链共享平台，整合12家企业的137个冷库节点，形成"4小时送达圈"，平台采用弹性租赁模式，使冷库周转率提升40%、成本下降33%。从分拣协同来看，面对乳制品行业复杂SKU（最小存货单位）高周转压力，京东集团亚洲一号仓使用机械臂抓取，处理小订单效率大幅提升；菜鸟集团试点"AGV（自动导向车）+机械臂"组合系统，通过射频识别（RFID）导航和视觉识别技术，实现24小时无人化作业；伊利集团在分拣区设置独立温控舱（2~6℃），缩短作业时间。

随着人工智能、物联网与绿色技术深度融合发展，智能仓储、无人化作业与区块链技术加速应用，仓储设施设备实现平台互联与数据交互，实现库存精准调配、冷链全程可视及风险快速应对，支撑奶业供应链向更智能、更低碳、更弹性演进，有力支撑奶业"新鲜直达"消费需求。

3. 配送环节

"最后一公里"配送环节是连接消费者的最终环节，其效率和可靠性直接影响产品质量与用户体验。应对配送冷链成本高、配送时效性要求高、配送网络覆盖难题等挑战，诸多乳企建立数据驱动的需求预测模型和路线规划，完善配送网络，触达农村及偏远地区消费者。加快推动奶业供应链向消费终端延伸，保障奶制品质量安全，实现"从牧场到餐桌"的最后一步。

从配送模式来看，传统分销配送模式，依托"厂家—经销商—零售终端"三级网络，通常借助经销商本地化仓储资源，利用经销商配送能力，如伊利常温奶通过全国一级经销商及其省级仓库覆盖全国市场；直营配送模式，按订单需求直接向大型超市、便利店、幼儿园、社区站等客户配送，实现短链化运营；新希望鲜奶在成都市、长沙市等城市布局前置仓，通过"中心仓—卫星仓—自提柜"三级网络，实现社区"分钟级"配送响应；O2O全渠道融合模式，乳企与电商平台合作，采用"中心仓直发快递"模式，通过快递或第三方公司将乳制品直接送达消费者，形成"线上下单+线下履约"闭环。从配送时效来看，基于产品特性与市场需求波动，乳企通过建设动态调度系统，构建弹性奶业供应链，液态奶、酸奶的保质期相对较短、配送要求较高，巴氏杀菌奶的保质期为7~15天，低温酸奶的保质期为21~28天，要求产品在保质期内及时送达消费者；受季节、节假日等影响，乳企需根据市场需求的变化及时调整配送计划，确保产品供应的及时性和准确性，避免配送资源的浪费或不足。

在技术革新与消费升级的双轮驱动下，乳制品配送加速向短链化、智能化、绿色化方向发展，借力数字化工具实现降本增效，转向"以需定配"精细化运营，推动奶业供应链从"预测生产"向"需求感知—动态响应"模式跃迁，逐步构建起覆盖全域、服务可靠、低碳可持续的新发展生态。

（四）分销、零售和外贸端

1.分销环节

我国乳制品分销环节呈现"传统渠道筑基、新兴模式拓维"协同发展态势，传统渠道仍占据主体地位，辅以新兴模式快速增长。传统渠道经销商具备本地市场资源和销售渠道，能快速将产品铺货至各类终端，在奶业供应链中扮演关键角色。但是，传统分销效率不足与消费升级需求之间存在着结构性矛盾。近年来低温奶加大了直营及新零售渠道分销比重，高端乳品不断提高线上分销渗透率。

从传统渠道来看，其渠道路径通常为"工厂——级经销商（省级代理）—二级经销商（市级代理）—零售终端—消费者"，每级会增加10%~15%的价格，该渠道占据近七成的常温奶市场。全国性乳企通常采用大区制，每个省份设立2~3家一级经销商，逐级下沉至乡镇；区域性乳企则通过"地市级代理+村镇批发商"网络，覆盖区域下沉市场。从直营渠道来看，其渠道路径通常为"工厂—区域配送中心（RDC）—前置仓/社区站点—消费者"，主要分销品类是低温鲜奶，其次是高端酸奶、奶酪等品类。如伊利集团的产品在商超渠道铺货率达九成；光明乳业在上海建立前置仓，实现配送时效的提高和损耗率的降低，提升了订阅制会员复购率。从新兴渠道来看，新零售平台分销快速发展，乳企通过入驻电商平台，借助平台物流和配送体系将产品分销至全国；盒马鲜生、京东到家等，主打"即时零售"模式，通过当日送达大幅提升产品销量。

随着渠道扁平化、冷链数字化、配送绿色化发展，我国奶业分销体系正加速迎来新一轮革新，以"效率革命"与"体验升级"双轮不断驱动奶业供应链重构，支撑乳品分销的"新鲜度标准"与"可持续价值"，为消费者提供更高效、更绿色、更贴心的高品质体验。

专栏3-7　乳企精耕渠道下沉市场发展情况

渠道力是乳企商业模式的关键一环。随着全国物流运输体系逐步完善，乳企对于奶源地理位置的依赖越来越小，但消费者对于乳制品及时供应的要求越来越高。渠道力依品类特性有不同侧重，乳制品品类形态、运输半径、保质期、消费场景等要素不同，分销模式重点也有所不同。不同企业、同一企业的不同品类和区域侧重有所不同，但管理模式基本遵从先粗放后精细的路径。在行业发展或区域开拓初期，渠道策略相对粗放，单个经销商管辖区域更广，一般先从一二线城市开始布局；随着一二线城市渗透率提升、竞争加剧，企业在一二线城市的渠道运营会更加精细化，通过缩小单一经销商覆盖区域，提升单点产出，同时着力布局下沉市场。在下沉市场的渠道管理策略亦是先粗放后精细。目前常温奶、奶酪、婴幼儿配方奶粉均已向下沉市场转移，常温奶注重铺市率，低温奶注重精细运营，婴幼儿配方奶粉注重渠道营销。

常温奶。基本可以实现全国化销售，运输与保存均无须冷链，成本管理需求弱于低温奶，差异化竞争集中于铺市率。常温奶兼具自用与礼品需求，总的毛利率水平较低，因此只有依赖高周转率才能驱动高净资产收益率，而铺市率则能放大高周转率的优势。

低温奶。消费者触达成本及自身成本在很大程度上取决于供应链的管理，体现为货架产品效期、冷链运输的效率等。效期管理方面，消费者对产品新鲜度要求较高。对于保质期7天的牛奶，一般为送奶入户产品，消费者倾向于购买前一日生产的产品；对于保质期在15天以上的牛奶，一般覆盖商超便利店，生产日期在当日前2~3天为可接受范围。因此企业配送能力是关键，大部分主营低温奶的公司为自有物流及配送模式。物流管理方面，保质期7天以内的鲜奶最佳物流半径为300千米，一般不出省，而保质期在15天以上的鲜奶的最佳物流半径为600千米以内，可实现跨省销售。目前单位距离物流成本的优化边际效益较小，而物流路线优化则能较大地提升效率。

婴幼儿配方奶粉。 渠道推力重要性凸显，关乎婴幼儿基本健康安全，需要具备的知识更多，决策周期更长，因此渠道推力非常关键。优秀的地推队伍和密集全面的地推活动能够增进消费者认知，增加品牌"说服力"，如飞鹤市占率的"逆袭"与其优秀的营销能力密不可分。外资乳企更强调品牌拉力，利用广告宣传增加品牌知名度，增强消费者对婴幼儿配方奶粉的认知。

未来是渠道和品牌合力共进的时代。在乳制品行业整体刚开始发展的时候，渠道为王。随着部分细分品类进展到后半段，整体产品丰富度、标准化程度大大提升，渠道网点铺设逐步饱和，消费者对乳制品已经逐渐转向品质的追求，品牌成为品质持久、稳定输出的表征。

2. 零售环节

我国已是全球第二大乳制品消费市场，零售环节呈现多元化、高端化、即时化特征，消费者对新鲜度、品质、便利性的追求，推动着零售模式持续变革。近年国内乳制品消费结构发生明显变化，液态奶消费仍占据主导地位，但其比重在下降，而干酪制品的消费在持续增加。消费品类变动带来零售模式转变，传统线下零售虽然占据主导地位，但是线上及新零售份额也在不断增长。

从线下零售来看，大型商超仍是液态奶市场的主要终端，如高端奶制品及外资品牌产品多集中于此；便利店以其便捷性和24小时营业优势，满足了消费者即时性购买需求，成为奶制品零售增长新动力，如全家便利店推出"早餐奶+三明治"组合以提升客单价和复购率，光明乳业与罗森共建"鲜奶即饮区"以大幅增加日均销售额。从线上零售来看，传统电商平台乳制品垂直化、高端化发展加快布局，如伊利金典推出电商专供"娟姗牛奶"，京东国际提供"新西兰牧场→中国消费者"跨境直购；直播电商依靠内容驱动实现爆发增长，如抖音平台乳品交易额大幅飙升，新锐品牌通过短视频内容营销实现销量高速增长，O2O社区团购下沉市场渗透率持续提升。

随着线上线下深度融合的全渠道零售模式成为主流，零售业态的创新为消费者带来了更多元的高品质产品和沉浸式消费体验，精准契合了消费者对生活品质提升和食品健康需求的持续增长，推动乳品消费从功能性满足向健康化、场景化、个性化服务方向转变。

专栏3-8　奶业新锐零售品牌发展情况

近年来，我国乳品市场涌现出一批新锐品牌，为消费者提供了更丰富、更多元的选择，进而在奶业市场发展格局中占据一席之地。新锐品牌注重精准定位细分市场，聚焦高端功能（A2蛋白、益生菌）、低碳环保（可降解包装）等细分赛道，避开与传统巨头的正面竞争。多以数字化营销驱动增长，深耕私域流量（社群运营、直播带货），通过DTC（直接面向消费者）模式建立品牌忠诚度。社会融资促进新锐品牌快速发展，乳品赛道融资主要流向新锐品牌。借助政策红利，紧抓绿色包装、冷链补贴等政策机遇，降低经营成本。利用平台下沉渠道，借助美团闪购、京东到家等即时零售，触达三四线城市市场。

认养一头牛。 2016年品牌正式发布，被评为"农业产业化国家重点龙头企业""国家高新技术企业"、2023年中国农业企业500强、中国农业企业奶业20强，入围胡润研究院2024年全球独角兽榜。产品矩阵涵盖纯牛奶、奶粉、酸奶、冰淇淋四大品类，其中，特色产品有A2β-酪蛋白牛奶、娟姗奶粉。以"用户认养奶牛"概念打造品牌IP，通过小程序让消费者"云认养"奶牛，增强参与感和用户黏性；通过故事营销，抖音平台话题播放量超10亿次，在天猫、京东等电商平台销售成绩突出。

简爱。 2015年品牌上市，朴诚乳业旗下品牌，专注于国内无添加低温酸奶赛道，被誉为"中国无添加剂低温酸奶第一品牌"。其核心产品为无糖希腊酸奶、功能性益生菌饮品等，主打"0蔗糖+99%生牛乳"酸奶，抢占高端低温酸奶市场。产品启用100%可回收PET瓶装，获欧盟碳关税合规认证。市场销售以线上渠道为主，线下渠道主要布局精品商超高端渠道。

乐纯。专为年轻妈妈和孩子创造零添加食品的高新技术食品品牌，是可口可乐公司在亚太区战略投资的第一家食品公司。产品矩阵有三三三倍希腊酸奶、高钙纯牛奶和乐纯新鲜奶酪等。使用创新工艺突破三倍滤乳清技术，使乳品蛋白质含量达9克/100克。提升包装设计，与日本设计师原研哉合作，增加产品溢价率。采用DTC订阅制运营模式，微信私域用户复购率大幅提升。

北海牧场。2018年品牌上市，元气森林旗下专注于高端乳品的品牌。产品矩阵有果蔬系列、益生菌系列、浓醇凝酪、轻酪乳等低温产品以及水果牛乳、特浓牛乳、0蔗糖甜牛乳等常温产品。通过在7-Eleven、全家等便利店铺货，占据大量低温柜位。

3. 进出口环节

我国是全球最大的乳制品进口国，进出口环节在全球奶业供应链布局与国内市场供需平衡中扮演着关键角色。随着我国居民消费和生活品质的提高，对奶粉、奶酪、黄油等产品的进口需求不断增加，高品质、多样化进口产品逐渐填补国内市场空白。全球奶业市场中大洋洲地区占据主导地位，北美地区受益于《美国-墨西哥-加拿大协定》（USMCA）持续增长，欧盟地区乳品自给率持续提升。但受地缘冲突、保护主义等因素影响，全球奶业供应链仍然存在着一定风险。

从进口来看，我国乳制品进口在2021年达到顶峰后，近年呈现下降态势，主要进口产品包括奶粉、大包粉、乳清蛋白等品类，主要来源地分布在新西兰、澳大利亚及欧盟等乳业优势地区。受乳制品实施《区域全面经济伙伴关系协定》（RCEP）零关税影响，自越南、泰国等东南亚国家的进口产品快速增长，凭借其独特的地理位置和相对较低的贸易成本，丰富了我国乳制品进口的来源结构。从出口来看，目前我国乳制品出口规模相对较小，但近年来保持较快增速，主要出口产品为婴幼儿配方奶粉和部分特色奶制品，依靠不断提升的质量标准和科学的营养配方，获得部分国外消费者认可，出口目的地主要集中在东南亚、中亚等国家。不过相比于国际知名品牌，整体在海外市场的品牌认知度仍有较大提升空间。我国积极推动和乳制品主要贸易伙伴签订贸易协定，如《中国－新西兰自贸协定》《中国－澳大利亚自贸协定》等，通过降低或取消关税等有关措施，营造更加宽松、有利的贸易环境，为双边市场发展注入新的动力。既有助于我国消费者以更加实惠的价格接触到来自世界各地的乳制品，满足不同层次消费需求，也为我国乳制品企业开拓海外市场创造更多机会，在国际乳制品市场上争取更多竞争优势。

在国内奶业生产水平提升、消费市场进一步扩容及国际贸易政策演变的背景下，乳制品进出口将在国内市场供需平衡、产业升级及全球奶业贸易格局中继续发挥更加重要作用，继而推动国内品牌研发新品和提升标准，加快国内品牌"走出去"，提升海外市场份额，实现奶业供应链全球化布局。

三、奶业产业链供应链发展存在的问题

（一）奶业育种领域创新能力有待增强，发展基础薄弱

奶牛冻精是奶业核心种质资源的代表，目前我国奶牛冻精超过70％需要从国外进口，国内奶牛优质种源自给率较低，这反映出我国奶业育种领域创新能力有待增强，发展基础薄弱。

一是育种体系建设不够完善。现代化奶牛育种体系包括品种登记、性能测定、体型鉴定、基因组检测、遗传评估、种质资源管理等多个环节，不同环节分别由行业协会、性能测定中心、基因组检测实验室、数据中心、遗传评估中心、资源管理中心等机构负责。但因我国奶牛育种工作起步较晚，目前有效的业务联结机制较为缺乏，致使种牛自主选育体系运行机制不健全，带来产业参与度低、公信力不足等问题。

二是育种基础性工作相对薄弱。我国在奶牛品种登记、性能测定、体型鉴定和遗传评估等领域，还需加强政策与资金支持。从品种登记来看，种公牛登记由企业自行注册、省级畜牧主管部门组织评定和核验，缺少亲子鉴定、遗传缺陷鉴定等环节。母牛登记由行业自发进行，主要依赖奶牛生产性能测定采集相关数据，尚未形成完整体系。2024年全国共有230万头奶牛进行生产性能测定，虽参测奶牛数量较2023年增加18.3％，但参测比例仍

不高，且测定工作依赖政府补贴展开，奶牛场自费测定趋势尚未形成，系谱、繁殖数据记录存在缺失。从体型鉴定来看，我国目前基本建立起相关标准制度和人才队伍，但尚未大批量开展全国性交叉鉴定工作。从遗传评估来看，与奶牛种业发达国家相比，我国在繁殖、产犊、长寿、健康、饲料转化率等方面仍有待提升，性状记录覆盖度不够，平衡育种理念意识欠缺。

三是优质种子母牛群体规模小。我国奶业在育种基础群及核心群规模、种牛选择强度等方面与奶业发达国家有较大差距。我国2018年才开始启动国家奶牛核心育种场建设遴选工作，到2024年已建成32个国家奶牛核心育种场。核心群存栏规模小，2022年我国奶牛核心群存栏量不足1万头，荷斯坦牛存栏量约为600万头，核心群占存栏量比例不足千分之二，且没有针对核心群开展有效遗传评估，种子母牛数量、质量与奶业发达国家相比存在较大差距。截至2022年，每年开展生产性能测定的母牛约160万头，参加体型鉴定的母牛约5万头，可用于育种资源的群体较少。

四是良种高效扩繁产业化程度低。胚胎良种扩繁技术和精液性控分离技术是奶牛遗传改良和种牛培育的关键，我国在20世纪90年代开始研究胚胎良种扩繁体系，但目前国产促排激素效果不稳，体内外胚胎生产效率与国际存在较大差距，成年母牛年总繁殖率约为70%，低于奶业发达国家75%水平。国内人工授精技术虽已广泛应用，但种公牛每年3.5万剂/头的冻精生产效率较国外10万剂/头相比，仍有近2倍差距，且精液性控分离技术被国外专利垄断，致使我国无法自主生产性控冻精。

五是种畜健康检测和记录不完整。种畜健康是高产的保证，目前国内对种牛健康和疾病等性状选育重视不足，缺乏奶牛健康信息记录，无法实现健康等相关性状数据收集，选育种畜存在潜在健康和疾病的风险较大。在种畜重要遗传缺陷疾病和传染性疾病检测方面，因没有统一的第三方检测监测平台，缺乏公认权威性。疫病检测、诊断、治疗预防是强专业性工作，需职业兽医服务，但我国现阶段的兽医服务社会化水平较低，与疫病防治行业的发展需求差距较大。

（二）关键技术和核心产品依靠进口，自研实力较弱

基因检测芯片、遗传评估软件、性控技术、高效扩繁技术等关键技术产

品的国产化程度较低，我国虽在荷斯坦牛高密度单核苷酸多态性（SNP）育种芯片的自主开发方面取得重要突破，但奶牛基因选择使用的高通量单核苷酸多态性芯片对国外依赖程度依然很高，除需支付高额检测费外，还面临育种遗传信息泄露风险。目前我国关于奶牛繁殖、健康、生产寿命、饲料转化率等新性状的遗传评估模型尚未建立，奶牛种质自主评估存在严重短板；在常规遗传评估工具方面，使用的CDN软件引自加拿大，DMU软件引自丹麦，国内无自主开发的遗传评估软件系统。在性别控制技术领域，X/Y精子分离技术知识产权分别被美国ST公司和ABS公司垄断。在奶牛高效扩繁技术领域，胚胎生产过程中超数排卵所使用的促卵泡素以及胚胎培养液等试剂药品长期依赖进口，国内尚无稳定成熟的替代产品。

在疾病预防领域，国产奶牛专用化学药物与进口产品品质有一定差距。如在产品质量和安全性上，进口药物原料药纯度更高，制剂配方和工艺也更先进，这使得其生物利用度和疗效优于国产药物；在兽药残留问题上，进口药物通常有严格的残留控制标准和管理措施，能够有效避免兽药残留问题。

（三）优质饲草进口依赖度高，存在供应断链风险

饲草料是保障奶牛健康生长与高效产奶的关键物质基础。我国作为奶业生产与消费大国，当前国内饲草料供应难以满足奶业发展需求，对进口饲草料的依赖程度日益加深。据统计，我国饲草料中优质饲草占比约为25%，比理想结构低15个百分点，供需缺口近5 000万吨，优质饲草种子也依赖进口。

一是国内优质饲草供给不足。"牧草之王"苜蓿富含蛋白质、维生素和矿物质等营养成分，有助于提高奶牛产奶量与牛奶品质。国内苜蓿种植主要集中在北方地区，受到土地资源、种植技术及气候条件等因素制约，可种植面积较小、产量有限，草种品质较低，蛋白质含量普遍低于进口产品，且在收割、晾晒、储存等环节标准化程度较低，不能满足规模化奶牛养殖场的需求，大量缺口仍需进口补充。青贮玉米也是奶牛重要的饲草料，国内青贮玉米种植面积较大，但在品种选育、种植管理及收获加工等方面与国际先进水平存在差距，部分国产青贮玉米干物质含量、淀粉含量等指标不理想，影响其作为饲草料的营养价值。

二是优质饲草进口风险增加。饲草料的大量进口对我国奶业供应链带来

多重影响。从供应稳定性来看，国际贸易政策变化、农产品市场波动以及跨国运输环节的不确定性，都会影响饲草料的进口，如苜蓿关税提升，导致市场价格出现波动，部分时期出现供应紧张，直接影响奶牛养殖场正常生产运营，继而影响奶源供应的稳定与产品质量。进口饲草料价格相对较高，再加上运输、关税等费用，进一步推升奶牛养殖成本、压缩利润空间，使养殖企业承受较大的经营压力，不利于奶业长期可持续发展。

（四）农机设备国产替代不足，制约供应链安全稳定

奶业产业链涵盖饲草加工、奶牛养殖和奶制品加工，各个环节都高度依赖机械设备部署使用。当前我国奶业核心机械设备仍由国际厂商供应，国产化方面存在诸多挑战。进口设备的依赖使得国内奶业企业面临高昂的设备采购与维护成本，不利于企业降低生产成本与提高生产效率。国内相关技术储备与创新不足，导致国产机械设备研发生产滞后，未能形成自主可控能力，制约着我国奶业供应链的稳定性和安全性。

一是国内饲草加工设备工艺和精度不足。青贮收获机国外厂商具有先进切割技术、高效收集系统和精准物料处理能力，国内厂商技术研发和制造工艺相对滞后，导致青贮饲料切割精度不足，切碎长度不均匀，影响奶牛采食和消化，而且设备可靠性和稳定性不足，长时间高强度作业容易出现故障，增加了维修成本和停机时间。打捆机、裹包机等设备国外厂商，在压缩密度控制、包膜质量及设备运行稳定性等方面较为出色，减少了干草在储存过程中的营养损失，便于储存和运输；国内厂商在压缩密度调节的灵活性和精准度上存在欠缺，导致草捆质量参差不齐，包膜过程中容易出现包膜不紧实、破损等问题，影响了青贮饲料的保存期限和质量。

二是奶牛养殖设备自动化程度不稳定。挤奶设备国外厂商具有自动化程度高、挤奶效率快、对奶牛乳房损伤小等优势，长期占据市场主导地位；国内厂商在技术性能、稳定性及智能化程度上存在明显差距，在自动化挤奶过程中，故障发生率相对较高，无法准确监测奶牛个体健康数据，难以实现精准化养殖管理，导致规模化奶牛养殖场更倾向于选择进口挤奶设备。

三是乳制品加工核心生产设备自主率低。我国乳品加工领域设备对外依存度高，自主可控核心技术体系尚未形成，国内设备厂商市场份额小。国内厂商乳品加工设备机械化、信息化和智能化技术开发与应用不足，国内装备距国

际先进水平还存在差距。干酪、黄油等高端奶制品加工设备国外厂商能实现精准的温度、压力控制，以及进行复杂的工艺流程操作，可通过精确控制发酵时间、温度以及菌种添加量，在品质、风味上形成独特优势；相比而言，国内厂商在工艺控制精度、设备稳定性等方面存在不足，在品质一致性上也难以达到国际水平，不仅影响国内高端奶制品的市场竞争力，也制约了国内企业在高端奶制品市场的拓展。

（五）乳品生产结构不优，精深加工技术有所欠缺

现阶段，我国乳制品的加工创新主要围绕常温液态奶展开，对乳制品的精深加工研究不足，且乳制品生产加工核心技术设备自给率较低，尚未形成自主可控的乳制品精深加工核心技术体系。

一是乳制品生产结构相对单一、多元化发展不足。当下，我国乳制品生产结构以常温液态奶为主，低温奶、奶粉、奶酪等乳制品占比较低，低脂、高蛋白、有机等不同类型乳制品以及功能乳制品的生产份额小，无法以营养为导向来满足消费者的多元化需求。相比奶业发达国家，我国乳制品呈现"液态奶多，干乳制品少""液态奶中常温奶多，低温奶少"的"两多两少"特征。同时乳制品创新力度不足，现有乳制品同质化较为严重，我国乳制品行业更多是围绕包装、口味等展开创新，对于功能性探索较为欠缺，针对特定场景应用开发较少，尤其是对于银发消费群体，品类单一、产品同质化现象突出。

二是精深加工技术总体滞后。目前，我国乳品精深加工和配料研发存在明显短板，干酪、乳清、黄油、乳蛋白以及各类功能性蛋白等高附加值产品主要依赖进口。干酪营养价值高、附加值高且易储存，是发达国家常见深加工乳制品，但由于我国干酪生产技术储备不足，干酪制成品严重依靠进口，国内生产的干酪主要是以进口产品为原料的再制奶酪，2022年再制干酪占国产干酪生产份额的98.76%。乳清为原制干酪的副产品，脱盐乳清粉是将生产奶酪过程中产生的甜乳清脱盐干燥而成。脱盐乳清粉是婴幼儿配方奶粉的主要原料，在婴幼儿配方奶粉中乳清粉的使用比例超过50%。鉴于我国原制干酪生产比例仅占干酪的1.24%，导致我国乳清粉也大量依赖进口，2024年我国进口乳清粉达到66.1万吨，在乳制品整体进口同比减少近10%背景下，乳清粉同比仅减少0.3%。当前我国的乳清粉生产主要受两方面因素限制：一方面是我国居民尚未形成奶酪等干乳制品消费习惯；另一方面是国内达到一定原制奶酪生产规

模企业很少，无法有效生产乳清粉。经测算，要达到乳清粉生产的合理经济规模，加工厂日处理原奶能力应达到300~350吨，这相当于存栏2万头高产奶牛牧场日产奶量。

（六）干乳制品消费占比低，市场结构存在优化空间

干乳制品涵盖奶酪、黄油、奶粉等产品，在全球乳品消费市场中占据重要地位。我国干乳制品消费占比低，除奶粉外，其他干乳制品消费长期处于较低水平。以奶酪为例，奶酪是欧美发达国家日常饮食的重要组成部分，然而我国人均奶酪消费量远低于世界平均水平。

一是干乳制品消费场景待挖掘。在国内大多数超市中，干乳制品陈列区域相对较小、产品种类有限，以少数几种常见的再制干酪产品为主，如片状干酪、涂抹干酪等。天然干酪虽然在一些大城市的进口食品超市或高端商场有销售，但是其价格较高，消费者对其烹饪场景了解不足，购买意愿较低。黄油消费情况类似，除在烘焙行业和部分西餐厅有一定用量外，在家庭日常消费中，黄油的使用频率远低于其他常见食用油。

二是干乳制品消费宣传欠缺。国内消费者对干乳制品的营养价值、食用方法及多样化的产品种类缺乏深入了解，干乳制品企业对宣传推广的投入相对较少，在市场上缺乏干乳制品消费科普活动，消费者难以获取相关信息，影响干乳制品的市场销售和推广。销售终端由于产品销量不佳，经销商对干乳制品的推广意愿较低，陈列位置有限，也难以形成良好的市场品牌效应。

三是适应国内需求的干乳制品研发不足。由于干乳制品市场需求有限，国内企业生产规模较小，研发投入和产品创新不足，单位产品成本居高不下，在市场竞争中处于劣势，难以与国际品牌抗衡。消费不足也导致干乳制品产业链上下游协同不畅，影响了奶业供应链的优化配置与整体效益，不利于中国奶业向多元化、高端化方向发展。

第四章

国内外环境变化对奶业产业链供应链影响分析

在当前复杂多变的全球经济格局与国内产业结构调整进程中，我国奶业发展面临着机遇与挑战并存的局面。国际上，全球奶业市场竞争激烈，贸易格局动态变化，乳制品进口量的不确定性以及国际价格波动，都对国内奶业市场带来一定冲击。在国内，原料奶价格持续下滑，养殖场户亏损严重，消费市场出现需求下降的趋势，但随着政策扶持力度逐渐加大，多元化消费意识崛起，为奶业发展注入新的活力。在此背景下，深入剖析国内外形势对奶业发展的影响，对推动我国奶业持续健康发展具有重要意义。

一、国际环境变化对奶业产业链供应链影响

从国际形势看，全球进入新的动荡变革期，奶业产业链供应链面临多元化冲击。在当今全球化的经济体系中，全球供应链作为连接生产和消费的桥梁，其稳定性和运行效率对各国经济具有重要影响。然而，地缘政治危机、国际经贸关系、全球市场价格波动、气候变化等正逐渐成为威胁全球供应链稳定的主要因素。乳制品行业的产业链较长，涵盖饲草饲料种植、奶牛养殖、乳制品加工、终端销售等多个环节，在此背景下奶业产业链供应链也无可避免地受到影响。

（一）地缘政治危机频发，冲击全球奶业供应链稳定运行

近年来，地缘政治危机频发，其直接影响就是导致全球重要的航运通道受阻或港口封锁，迫使航运企业改变航线绕行其他地区，从而增加运输距离

和成本，带来供应链不稳定甚至贸易中断的运输风险急剧增加。由于奶业产业链较长，在紧张形势下，牧草、饲料、兽药、包装材料等任何生产要素或关键环节供应短缺，都会影响整体产业链稳定运行。如美国频繁采用关税、歧视性补贴等措施，为全球自由贸易设置了大量壁垒；中东地区的紧张局势使得苏伊士运河—红海航线的船只过境量急剧减少，许多航运企业选择绕道南非好望角，相关航程比经红海的航程要远40%左右，大幅增加了航运公司的运输成本，也导致乳制品运输时间延长，影响了供应链的稳定运行。越来越多的地缘政治因素正在使全球供应链趋于复杂化，导致全球供应链加速重构，全球产业合作、贸易往来、跨国企业经营等除需考虑经济因素外，需要越来越多地考虑地缘政治风险对于物流运输、成本增加等方面的影响。

（二）国际贸易关系多变，对乳制品供给需求产生多重影响

贸易政策的变化对乳制品进出口有着重大影响。一方面，贸易保护主义的抬头可能导致关税增加、贸易壁垒提高，从而增加进口成本，降低进口量。例如，一些国家可能对乳制品进口实施限制措施，以保护本国的乳品产业。另一方面，贸易政策的调整也可能带来机遇。例如，自由贸易协定的签署可能降低关税，促进乳制品的进出口。企业可以通过关注贸易政策的变化，及时调整市场策略，抓住机遇，应对挑战。

1. 我国乳品进出口市场呈现两极分化态势

进口方面，2024年1—12月，国内进口各类乳制品261.6万吨，同比下降9.0%，折合生鲜乳1 586.7万吨，同比下降7.6%（干制品按1：8折算，液态奶按1：1折算）；进口额112.3亿美元，同比下降6.9%。乳制品进口量整体下滑，婴配粉、大包粉、液态奶等均有不同程度的下降，进口额也有所下降，主要有两方面原因。首先，国内外供需变化是重要因素。国内牛奶产量持续保持增长态势，奶源供大于求，终端促销形式多样，使得国产奶在价格上更具优势，国际奶价波动也影响了进口乳制品成本和价格。其次，随着国内奶业技术水平快速提升，行业竞争加剧，国产奶品质不断提高，消费者对国产奶的认可度逐渐增加（表4-1）。

出口方面，2024年前11个月，我国乳制品累计出口3.97亿美元，同比增长4.67%；出口数量为11.47万吨，同比增长12.00%。与庞大的进口需求相比，我国乳制品出口量相对较小，但呈现出增长态势，主要得益于国内乳制品生产

能力的提升、品质的提高以及出口目的地的拓展，出口产品以大包粉、婴幼儿配方奶粉和炼乳为主。排名前十的出口目的地分别为中国香港、韩国、中国澳门、泰国、菲律宾、越南、新加坡、尼日利亚、美国、委内瑞拉，合计占我国该产品出口额的81.54%。

表4-1　2024年1—12月我国主要乳制品进口情况

项目	折合生鲜乳	婴幼儿配方奶粉	大包粉	液态奶	乳清	奶酪
2024年1—12月（万吨）	1 586.7	20.9	63.8	70.5	66.1	17.3
同比	降7.6%	降6.4%	降17.5%	降13.4%	降0.3%	降3.2%

数据来源：中国海关总署官网、中国奶业协会。

乳品进出口两极分化的态势对行业产生了深远的影响。一方面，进口量的下降可能会促使国内乳企加强自主研发和创新，提升产品品质，以满足国内市场的需求。另一方面，出口量的增长为国内乳企提供了新的发展机遇，但也面临着国际市场竞争激烈、消费习惯和法规要求不同等挑战。

2. 非关税壁垒对乳制品进出口均有影响

在国际贸易中，除了关税壁垒外，还存在许多非关税壁垒。非关税壁垒是指一国或地区在限制进口方面采取的除关税以外的所有措施，包括法规、标准等。这些措施可以通过国家法律、法令以及各种行政措施形式来实现，并且更加灵活且具有针对性，具体包括进口配额、出口补贴、技术制裁、对外贸易的国家垄断、绿色贸易壁垒等。

①进口配额是指进口国对商品进口总量或关税予以配额管理，低于进口国规定的"市场准入配额"部分适用低关税，超过配额部分则征收较高税率。这是许多国家采取的一种贸易保护手段，也会由此产生贸易争端。如美国曾因加拿大乳制品配额问题诉诸世界贸易组织（WTO），并威胁加征关税；新西兰也在2024年指认加拿大将部分配额"不当"地分配给本土企业，其做法违反了《全面与进步跨太平洋伙伴关系协定》（CPTPP）规则。除进口配额外，也有出口国在进口国压力下，自愿限制出口数量或金额的情况。②出口补贴是另一种保护促进本国产业发展的贸易手段，通过补贴刺激乳制品出口，间接影响进口国市场结构。2024年8月，我国商务部对原产于欧盟的进口相关乳制品进行反补贴立案调查，乳制品工业协会提交的申请调查产品中包括欧盟相关乳制

品产业（企业）可能受益的补贴项目共计20项，有7项是欧盟《共同农业政策》下的补贴项目，13项为爱尔兰、奥地利、比利时、意大利、克罗地亚、芬兰、罗马尼亚和捷克这8个欧盟成员实施的补贴项目。③技术性贸易壁垒以国家或地区的技术法规、协议、标准和认证体系等形式出现，发达国家可能通过提高卫生检疫标准来限制乳制品进口。如欧盟乳制品抗生素残留标准限制间接增加了企业认证成本，并要求乳制品出口商提供更严格的牧场环境证明，导致部分发展中国家乳制品出口受阻。④对于乳制品关键技术和奶牛种源的控制是另一种制裁手段。目前我国荷斯坦奶牛存栏量在600万头左右，每年冻精需求量超过800万剂，但七成冻精来自国外进口。与奶业发达国家相比，我国奶业在奶牛后代生产性能、基因检测芯片、性控专利技术、奶牛育种资源群等方面仍存在短板，非关税壁垒也会威胁种牛进口，从而影响国内乳业发展。为应对上述挑战，伊利集团携手产业链伙伴在全球建立了三座行业领先的奶牛核心育种场和胚胎工程实验室，通过优质核心种子母牛的培育和高产奶牛性控胚胎的生产，力图解决奶牛繁育短板；国家乳业创新中心也着力解决我国奶业"卡脖子"问题，研发奶牛干细胞基因编辑生物育种关键技术、高产奶牛性别控制胚胎生产技术等，为奶业发展提供了新的技术动能。⑤绿色贸易壁垒是进口国以保护自然资源、生态环境和人类健康为由而制定的一系列限制进口的措施，如2022年12月以来，美国、欧盟等纷纷出台并推动实施"碳边境税"。欧盟碳边境税（CBAM）未来可能覆盖乳制品，要求进口商支付生产过程中的碳排放成本，抬高欧洲以外牧场产品的进口门槛。

（三）全球经济增长下行，价格波动加剧国内奶业困境

全球经济增长动态对乳品消费需求有着密切影响。在经济增长放缓时期，消费者可支配收入增长放缓或下降，从而导致对乳制品等非必需品需求出现下滑。近年来，全球经济形势不确定性加剧，使得消费者信心下降，进而影响了乳制品的消费需求。2024年，我国进口乳制品行业出现了量价齐跌的现象。在经济增长较快的时期，消费者更倾向于购买高品质、高附加值的乳制品；在经济增长放缓时期，消费者会更注重价格因素，选择性价比更高的产品。

1.多重因素导致国际奶价波动加剧

近年来，全球经济下行导致消费需求疲软，同时国际奶业供应过剩及贸

易政策调整，使得国际奶价长期处于下行通道，乳制品价格整体处于下跌趋势。欧盟、英国、美国、新西兰和澳大利亚等国家（地区）是全球奶业的主产地和主要出口地，2020年后产奶量开始出现停滞或轻微下跌迹象。2023年以来，西方国家经济复苏、乳品消费需求增长，但主要奶业国家（地区）产量增幅有限，同时在全球通胀等影响下，饲料、能源价格上涨，养殖成本上升，全球主要奶业国家生鲜乳价格上涨，涨幅高达30%~50%，国际奶价也呈现出"触底反弹—震荡分化—预期回升"的波动轨迹。与此同时，我国原奶短缺加剧，拉动新牧场建设热潮，新建牧场和进口奶牛创新高，全国原料奶供给增加，供需失衡导致原奶阶段性过剩。自2022年下半年以来，国内生鲜乳价格持续走低，2024年跌势尤为明显，并低于全球奶业主产国家（地区）价格。农业农村部统计数据显示，2025年2月第2周，内蒙古、河北等10个主产省份生鲜乳平均价格为3.11元/千克，比前一周下跌0.3%，同比下跌14.1%，而2024年初国内奶价在3.66元/千克左右。总体来说，奶价低迷及饲料成本上涨压力使得奶农利润大幅缩水，直接打击了奶农的生产积极性，部分中小规模养殖户会因承受不住亏损压力而选择退出市场。

此外，奶业上游饲草价格波动对奶牛养殖成本也带来很大影响。2018年，由于加征关税的影响，饲料价格上涨，每千克牛奶的生产成本增加约6%，直接推高了养牛饲养成本。到2024年，饲料原料价格有所下降，玉米和豆粕年均价格分别为2 524元/吨和3 680元/吨，分别同比下降13.2%和17.0%；棉粕和菜粕价格则分别下降10.1%和14.6%。虽然饲料成本下降在一定程度上缓解了奶价低迷的影响，但2025年春节后受天气扰动和贸易关税政策影响，豆粕价格大涨超7%，短期来看，成本攀升导致供应继续收紧，饲料企业纷纷开始上调饲料价格。在此背景下，我国加速开展农产品进口替代。以大豆为例，近年来我国从巴西进口大豆的比例大幅度上升。海关总署数据显示，2024年中国大豆进口总量达到1.050 3亿吨，其中进口2 213万吨美国大豆，同比降低5.7%；同期进口7 465万吨巴西大豆，同比增长6.7%。与2016年相比，从美国进口的大豆份额从40%下降到了21%，而从巴西进口的份额从46%增长到了71%。同时，进口阿根廷大豆410万吨，是2023年进口量195万吨的一倍多。巴西在农业产能与成本方面具有明显优势，其大豆种植面积持续扩张，2023年种植面积达4 300万公顷，产量突破1.5亿吨，超越美国成为全球大豆最大生产国，且因土地和劳动力成本低，价格也更具竞争力。

2. 全球乳制品贸易价格指数连续上涨抑制进口需求

新西兰的全球乳制品贸易（GDT）价格指数是全球乳制品行业的重要指标，GDT价格指数是在全球乳制品贸易拍卖平台上销售的全脂奶粉、脱脂奶粉、黄油和奶酪等各种乳制品中标价格的加权平均值。该指数对全球乳制品市场具有重大影响，特别是生产决策、贸易流动和投资策略。如GDT价格指数的持续上涨可能预示着对乳制品的强劲需求，鼓励生产商扩大产量；相反，该指数下降可能表明需求疲软或供应过剩，导致减产或调整出口策略。此外，GDT价格指数影响着不同国家乳制品的竞争力。当该指数上升时，来自生产成本较低国家的乳制品可能对买家更具吸引力，从而推动这些生产商的贸易和市场份额增加。自2023年8月起，国际乳制品拍卖价格开始上涨，2024年5月，新西兰原料奶粉进口完税价高于国内价格，显示国际奶价阶段性走强。随着大包粉价格的持续上涨，进口奶粉和国内奶粉价格的价差在拉大，叠加国内消费需求放缓，部分乳品如大包粉和包装牛奶等的进口量有所缩减，激烈的市场竞争也使得品牌和进口商的产品售价及利润空间受到严重挤压。2024年1—12月，国内大包粉进口63.8万吨，同比下降17.5%；进口额23.2亿美元，同比下降20.3%。进口主要来自新西兰和澳大利亚，分别占82.0%和7.7%，合计占89.7%，同比分别下降1.9%和42.2%。2025年2月全脂奶粉均价达3 350美元/吨，同比涨幅显著。进口乳制品价格上涨在一定程度上也影响国内市场，近期，南方某些长期使用进口大包粉为原料的食品企业已开始转向国产大包粉，这一转变对国内乳企消化库存起到了积极的推动作用。未来一段时间内，全球奶业主要出口地的出口供给将逐步缩紧，我国的进口规模也会因为国际奶业高价而得到一定程度控制，这给国产奶源腾出了部分空间，但对于原奶行业而言，其缓解作用仍然有限。在经济下行期间，一些国家也会通过货币贬值等手段来促进出口，导致进口奶产品价格相对下降，对国内奶业市场持续造成冲击；在汇率波动风险下，大型乳企也会通过外汇期货等金融工具锁定成本，规避由于汇率波动带来的风险。

（四）推动区域开放合作，自由贸易与海外布局双重发力

在经济全球化与区域经济一体化深入发展的当下，国内奶业行业正迎来全新的发展契机。行业积极推动区域开放合作，通过自由贸易与海外布局双重发力。一方面，借助自由贸易的东风，打破贸易壁垒，积极拓展市场空间，促

进奶业及相关资源的高效流通；另一方面，加快海外布局步伐，通过整合全球优质资源，提升行业国际竞争力。这不仅为乳制品行业自身的转型升级和可持续发展注入强劲动力，也将对区域经济乃至全球奶业格局产生深远影响。

1. 全球自由贸易惠及奶业长远发展

在全球经济一体化的浪潮下，自由贸易已成为推动各行业发展的强大引擎。全球自由贸易的推进，为奶业的长远发展带来了前所未有的机遇，不仅拓宽了市场边界，促进了资源优化配置，还推动了技术创新与产业升级，为奶业的可持续发展注入了源源不断的动力。

在市场拓展方面，自由贸易协定助力奶业全球化进程。中国奶业经过几十年发展，已经进入了全球奶业的第一阵营。确保全球供应链稳定可靠，将成为推动国内乳制品企业高质量可持续发展的关键。对乳企而言，自由贸易协定的签署以及RCEP的叠加效应是畅通奶业产业链和供应链的极大机遇，通过加强国际产业链分工、推动国际贸易来共同抵御风险。

从生产端来看，当前，我国进口燕麦草全部来自澳大利亚，乳铁蛋白等奶粉亦有一大部分来自新西兰和澳大利亚，关税取消利好乳制品企业尤其是婴幼儿配方奶粉、乳制品加工企业降低生产成本，我国与澳大利亚、新西兰的贸易合作将更为紧密。同时，区域内原产地累积规则允许企业灵活采购原料，如我国乳企可从新西兰进口奶源，在东南亚加工后出口至其他国家，在降低综合成本的同时整合全球资源，提升产业链供应链效率。

从消费端来看，虽然零关税会带来对于进口乳制品冲击国内市场的担忧，但影响较为有限。以新西兰为例，随着我国乳业近年来阶段性过剩，消费结构和工厂使用结构的改变使得我国对大包粉的需求减少，对高附加值、高品质原料的需求增加；并且新西兰的原奶成本本身就低于国内，其大包粉在我国的销售价格通常会跟随国内奶价波动，低成本冲击效应不大。综合来看，自由贸易协定通过引入适度竞争压力和市场扩容机遇，可推动我国乳业完成从规模扩张向质量效益的深刻转型，其产生的结构性红利将远超短期阵痛，长期来看利好大于弊端。

在资源优化方面，全球自由贸易促进了奶业产业链的整合与优化，提升了奶业整体竞争力。在自由贸易的框架下，各国奶业企业能够更加便捷地获取全球范围内的优质资源，实现资源的互补与协同。新西兰的恒天然、澳大利亚的乳企等，凭借其先进的生产技术和丰富优质奶源，与中国等国家的企业开展合作，共同推动乳业产业链的升级。中国乳企通过在新西兰、澳大利亚等地投资建设奶源基地，实现了优质奶源的全球化配置，提升了产品的品质和竞争力。这种跨国合作不仅提升了整个产业链的生产效率和产品质量，还降低了生产成本，为消费者带来了更多优质、实惠的乳制品。

自由贸易还激发了乳企的创新活力，推动了行业技术创新与产业升级。面对市场的激烈竞争，乳企纷纷加大研发投入，致力于开发更符合消费者需求的优质产品。例如，伊利集团在荷兰设立欧洲创新中心，与瓦赫宁根大学共建"食品安全保障体系"，形成覆盖亚洲、欧洲、大洋洲的研发网络，为企业的可持续发展奠定了坚实基础。

与此同时，全球自由贸易还促使乳企更加关注可持续发展。在追求经济效益的同时，企业开始注重环境保护和社会责任，推动奶业向绿色、低碳、可持续方向发展。通过与国际合作伙伴共同开展牧场数字化改造、冷链基建完善等工作，提高资源利用效率，减少碳排放，实现经济效益与环境效益的双赢。

2.企业加速海外布局以应对市场风险

紧张的国际形势使全球经济前景充满不确定性，企业难以准确预测市场需求和政策变化，投资和生产决策面临较大风险。随着近年来全球汇率市场波动加剧，部分国家乳制品出口企业面临成本上升和市场需求不稳定的双重压力，同时进口原材料和设备也受到汇率因素的影响，给整个奶业产业链带来了诸多不确定性。为了降低国际紧张形势带来的风险，一些奶业企业可能会调整产业布局和供应链结构，将生产环节向相对稳定的地区转移，或者寻求更多的本地供应商和合作伙伴，以提高供应链韧性和自主性。

近年来，国内奶业市场已陷入存量竞争，"出海"成为国内乳企寻求增长的新途径。我国乳企通过在大洋洲与东南亚投资建厂、收购股份等方式积极布局海外市场，国际化进程不断提速，带动国内乳制品消费与贸易提速升级。伊利集团作为国内乳业龙头企业，积极布局海外市场。早在2014年，伊利集团便投资30亿元在新西兰建立生产基地，发展至今，合作伙伴包括奶源供应商、科研机构、第三方服务机构等，覆盖行业产业链上下游，并反哺当地乳业发展；2018年伊利集团收购泰国最大冰淇淋企业Chomthana公司的96.46%股权；2019年伊利集团旗下全资子公司香港金港商贸控股有限公司收购新西兰第二大乳业合作社Westland的100%股权，同年旗下高端酸奶安慕希在东南亚上市；2021年伊利集团投资建设的印度尼西亚乳业生产基地正式建成投产；2024年伊利集团首家旗舰店正式落户美国洛杉矶，包括安慕希、优酸乳、巧乐兹等核心大单品已通过美国FDA审批，同步登陆美国市场销售，产品覆盖了液态奶、奶粉、冷饮、黄油等品类，成为在美国上市产品品类最多的中国乳企。在国际化战略助推下，伊利集团完成了从全球乳业二十强到全球乳业第一阵营的历史性突破。根据荷兰合作银行发布的"2024年全球乳业20强"榜单，伊利集团继续稳居全球乳业五强，在进入榜单的中国企业中位列第一。未来随着全球乳制品市场的竞争日益激烈，中国乳制品企业还需要加强国际合作，通过引进国外先进技术和管理经验，提升自身的国际竞争力，同时积极拓展海外市场，将中国乳制品推向世界。

3. 共建"一带一路"助推我国乳企国际化进程

共建"一带一路"倡议的核心内容是通过共建"丝绸之路经济带"和"21世纪海上丝绸之路"，促进经济合作与发展，推动全球贸易和投资自由化便利化，实现共同发展和繁荣。古丝绸之路是"流淌着牛奶与蜂蜜的地方"，相关地区农牧业活跃，区域间资源互补性强，农业交流与农产品贸易一直是丝绸之路经济带的重要合作支柱。共建国家中有多个发展中国家，对借势共建"一带一路"谋求本国农业发展具有强烈的现实需求。

对乳制品行业来说，一方面，随着共建"一带一路"国家经济发展和居民生活水平的不断提高，乳制品市场需求量显著增加，特别是在亚洲、非洲和东欧等地区，乳制品消费量逐年上升，尤其是婴幼儿配方奶粉、牛奶和酸奶等常见产品需求日益增加；另一方面，共建"一带一路"倡议为乳制品行业提供了更多发展机遇，通过与有关国家的合作，中国乳企实现了资源互补和市场拓展。以巴西为例，近年来中国和巴西合作投资南美港口、铁路等基础设施，一定程度上缩短了运输时间，进一步优化了物流效率。中国扩大从巴西进口大豆等饲料农产品规模，不仅保障了国内粮食安全，还通过技术合作、货币结算创新和区域经济整合，为中国在全球农业贸易中争取了更大的主动权和议价能力。未来，随着中国和巴西在农业全产业链上的深度融合，这一趋势或将进一步巩固。

此外，中欧班列为乳制品贸易带来极大利好，大幅降低运输周期与成本。运输时效方面，铁路运输时间约为海运的1/3，尤其适合运输保质期较短的乳制品，如鲜奶、酸奶、奶酪等，减少因运输时间过长导致的品质损耗；运输成本方面，中欧班列运费约为空运的1/5，虽略高于海运，但综合仓储、货损和资金周转成本后，整体成本更优；运输质量方面，中欧班列配备专业化冷藏集装箱和温控系统，实现全程−25℃至25℃精准温控，可满足乳制品运输要求；铁路运输标准化程度高也可减少由于多次装卸和转运带来的污染风险，同时可避免由于海运港口拥堵或因地缘政治风险带来的影响，为乳制品提供了高性价比的运输选择。依托中欧班列，法国、荷兰、波兰等优质乳制品能够更快进入中国市场，本土乳企也可通过中欧班列将产品高效出口至中亚、俄罗斯及东欧，开拓国际市场。

（五）全球气候变化加剧，乳业急需探索可持续发展路径

在全球气候变化的大背景下，奶业作为碳排放的重要来源之一，面临着前所未有的低碳转型压力，同时气候条件对牧草种植、奶牛养殖等关键环节也会产生重要影响。面对气候变化、资源限制、生态环境保护等多方面挑战，中国奶业发展需要坚持生态优先原则，创新可持续发展机制。在国家高度重视碳排放的大背景下，保障奶业发展与生态和谐互融互促至关重要。

1.奶业碳排放贯穿于整个生产周期

联合国粮食及农业组织（FAO）数据显示，农业系统温室气体排放量约占全球范围温室气体排放总量的30%，其中畜牧业占14.5%，与交通及制造业的占比相当。奶业作为畜牧业的重要组成部分，温室气体排放尤为显著（图4-1）。碳排放贯穿于整个乳制品的生产周期：从农场使用的资源、加工和分销，到消费者的消费和废物处理（包括为养牛而开垦的土地，生长周期中的肠道发酵、粪污处理和储存），再到产品包装和超市零售等。其中，二氧化碳、甲烷和一氧化二氮排放量分别占到约17%、59%和24%[1]。

养殖端。养殖环节在奶业生产中扮演重要角色，也是温室气体排放的主要来源之一。《中国奶业低碳白皮书》统计的38个大型牧场样本中平均生产每千克标准奶的碳排放量为0.66千克二氧化碳当量，小型牧场样本中平均生产每千克标准奶的碳排放量为0.84千克二氧化碳当量。牛养殖碳排放主要体现在肠道发酵、能源使用和粪便管理等环节。在大型牧场中肠道发酵环节贡献率为75%，小型牧场中该环节贡献率为59%。肠道发酵环节是奶业生产碳排放的最主要来源，这是因为奶牛等反刍动物在消化过程中，瘤胃内的微生物发酵会产生大量甲烷，最终排出体外，影响环境。大型牧场能源使用环节排放强度占总量的18%，小型牧场占16%，这一环节包括牧场的养殖设备运行、挤奶设备使用、饲料加工以及奶产品加工等过程中消耗的电力、燃油等能源所产生的

---

[1] GLEAM 2.0 - Assessment of greenhouse gas emissions and mitigation potential.

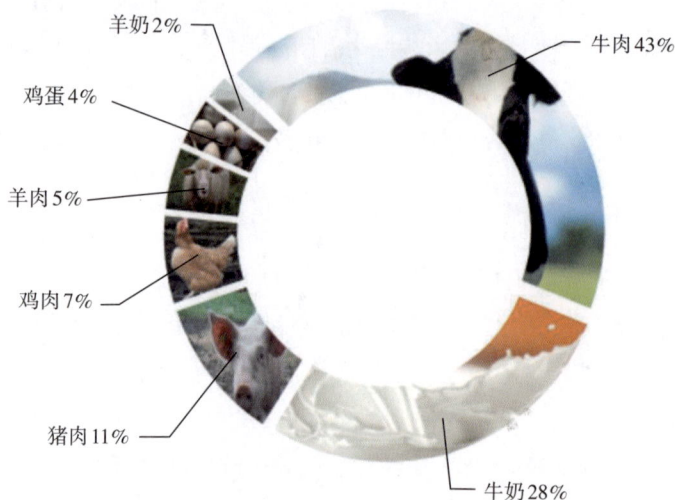

图4-1 全球畜产品温室气体排放占比情况

碳排放。奶牛粪便在储存和处理过程中，有机物分解会产生甲烷和一氧化二氮等温室气体，其中，大型牧场粪便管理环节占总量的7%，小型牧场占25%。除牛只排泄物产生甲烷气体外，养殖环节饲料生产过程中的化肥使用、农机作业等环节也会产生碳排放，在化肥生产过程中氮、磷、钾等元素使用会产生碳排放，在农机作业过程中燃油消耗、设备磨损等也带来碳排放[1]。

加工端。乳制品加工环节作为我国食品工业核心领域，生产过程消耗大量能源，尤其是电力和天然气等。杀菌机、灌装机、制冷设备等加工设备的运行需要大量电力，如果利用煤炭等化石燃料发电，就会产生较多二氧化碳排放。数据显示，伊利集团其产品生产过程中碳排放占整体产品生命周期碳排放的7.8%。牛奶的杀菌、浓缩、干燥等工艺往往需要蒸汽等热力，通过燃烧天然气、煤炭等燃料来提供热力时也会释放二氧化碳。此外，酸奶等发酵型乳制品生产时，微生物发酵会产生少量二氧化碳；乳制品加工过程产生废水、废弃物等废物处理，也会排放一定量的碳。

市场端。乳制品在生产、运输、包装及消费等环节中，运输与包装环节碳排放占比相当可观。如塑料包装的生产需要消耗石油等资源，并在生产过程中释放二氧化碳。纸质包装的生产过程中，木材加工、造纸等环节会产生碳排

---

[1] 王越，瓦赫宁根大学动物生产系统组博士生，奶业发展与气候变化。

放，并且包装废弃物如果处理不当，在填埋或焚烧过程中也会产生温室气体。从牧场收集原奶到加工厂的运输过程中，奶罐车等运输工具会消耗燃油，会产生二氧化碳等温室气体排放。加工后的奶产品运输到仓库、销售终端等过程中，货车、冷藏车等运输工具的能源消耗也会带来碳排放。此外，奶产品需要在合适的温度下储存，冷库仓储的制冷设备运行也会消耗电力从而产生碳排放。

2. 气候变化对牧草种植的影响与日俱增

从牧草种植端来看，气候变化对牧草种植的影响主要体现在温度、降水量、湿度和风力等方面。适宜的温度范围对牧草生长至关重要，过高或过低的温度都会导致牧草生长受阻。从种植面积来看，一些原本适宜牧草生长的地区，由于气温升高，气候条件发生改变，可能不再适合某些牧草品种的种植；而一些高纬度或高海拔地区，气温升高可能使原本不适宜种植牧草的区域变得适宜，从而促使牧草种植区域向这些地区扩展。从生长周期来看，气候变暖可能导致牧草的生长周期缩短或延长，一些地区温度升高可能使牧草提前返青和成熟，生长旺季提前到来，但同时也可能缩短牧草的整个生长周期，影响其产量和质量。温暖的气候条件也有利于病虫害的滋生和传播，使得牧草更容易受到病虫害的侵袭，增加了防治成本和难度，还可能导致牧草产量下降和品质降低。适量的降水是牧草生长的必要条件，干旱或过湿都会影响牧草的产量和质量，水资源紧张也可能限制牧场扩张。以青藏高原为例，近50年来该地区经历了比全球平均水平快两倍的升温过程以及显著的降水格局变化，这些气候变化导致了高寒草地植被的春季物候提前，生长季中期生长速率加快，但土壤水分亏缺加快了快速生长期的结束，导致秋季生物量生产下降，影响了高寒草地的生长周期和生物量积累。气候变化也降低了青藏高原高寒草地的生产力稳定性，其草地退化问题也部分归因于气候变化导致的降水量变化，这影响了草地的水文循环和植被生长。湿度是影响牧草成活率的重要因素之一，湿度影响牧草的水分吸收和蒸发速率，高湿度可能导致霉菌生长，低湿度则影响牧草的生长，一般情况下牧草定植期的湿度应该控制在50%～70%，过高或过低的湿度都会影响牧草的成活率。风力对牧草生长也有显著影响，大风会加速牧草蒸腾和土壤蒸发，导致牧草变干枯萎，土壤肥力下降，不利于牧草生长；同时会搬运碎石和沙尘，在风力减弱时沉积下来，掩埋低矮稀疏的牧草，导致草原退化。除牧草以外，气候变化也会影响小麦和玉米等重要饲料作物的产量，进一步加剧饲料短缺问题。

一些极端气候事件对牧草生长冲击巨大。如频繁发生的干旱天气会导致牧草缺水，生长受限，甚至大面积枯萎死亡，进而使得牧草产量大幅减少、质量下降，带来粗蛋白等营养成分含量降低；暴雨引发的洪涝灾害会淹没牧草种植地，破坏牧草的根系和生长环境，导致牧草被淹或生长不良，同时还可能引发土壤侵蚀和养分流失等问题；长时间的高温热浪天气会对牧草的光合作用和生理代谢产生负面影响，使牧草的生长速度减缓，甚至出现热应激现象，影响其产量和质量；剧烈的大风也会对牧草造成多种危害，包括摧毁牧草结构、导致叶片和花粉被吹落、枝条折断，甚至整株死亡等。

3. 气候变化对奶业养殖的影响不容忽视

从奶牛养殖端来看，气候变化对奶牛养殖的影响主要体现在高温干旱、水资源短缺等方面。高温干旱对奶牛泌乳量有明显影响，主要源于动物的热应激反应，即奶牛对温度较为敏感，适宜的温度范围较窄，气候变暖导致高温天气增多，在热应激反应下奶牛的采食量、消化率、繁殖性能和免疫力等会受到影响，导致牛奶产量和质量下降，也会增加奶牛的发病率和死亡率。据统计，2022年7月，意大利科莫地区因异常高温天气，引发动物热应激反应，导致当地奶牛场产奶量减少15%。相较而言，极端寒冷的天气会增加奶牛的能量消耗，为了维持体温会增加奶牛的采食量，同时饲料转化率也会随之下降。严寒天气还可能引发奶牛的冻伤、感冒等疾病，对奶牛的健康和生产性能造成不利影响。饲料需求方面，由于气候变暖对牧草种植的影响，牧草的产量和质量会发生变化，进而影响奶牛的饲料供应和营养摄入，在此情况下调整饲料配方而提高精饲料占比，也会直接增加养殖成本。疾病传播风险方面，温暖的气候条件有利于病原体和寄生虫的生存和繁殖，增加了奶牛感染疾病的风险，如口蹄疫、乳腺炎等疾病的发病率可能上升，给奶牛养殖带来巨大的经济损失。同时，温室效应加剧还会导致疾病暴发频率增加，造成牛奶中的营养价值下降，进一步增加奶业的运营成本。水资源短缺与分布不均导致干旱地区奶牛饮水受限，同时牧场清洁和冷却系统用水需求增加，加剧水资源竞争，如我国河北、内蒙古等北方奶源基地因夏季高温导致用水压力显著上升。一些极端气候事件也会对奶牛养殖造成影响，如极端高温会降低牛奶产量，气温波动会阻碍作物生长，水循环的中断将导致农场缺水；洪涝灾害可能会冲毁牛舍、饲料仓库等奶牛养殖场的基础设施，造成直接经济损失，也可能导致养殖场内积水，卫生条件恶化，增加奶牛感染疾病的风险。强飓风可能会破坏奶牛养殖场的设施，如屋顶被掀翻、围栏倒塌等，危及奶牛的安全，同时会影响牧草的收割和运输，导致饲料供应中断等。

4. 各地乳业致力于推动绿色低碳发展

随着全球气候变暖加剧，冰川融化、旱涝频发，二氧化碳排放过多等温室气体效应带来的负面影响越来越大，减少二氧化碳排放、探寻绿色可持续发展模式已经成为全人类的共识。《巴黎协定》是由全世界178个缔约方共同签署的气候变化协定，是对2020年后全球应对气候变化的行动作出的统一安排，2015年在第21届联合国气候变化大会上达成，其长期目标是将21世纪全球平均气温较前工业化时期上升幅度控制在2℃以内，并努力将温度上升幅度限制在1.5℃以内。2016年世界乳业峰会上，国际乳品联合会（简称国际乳联）携全球乳业发布《鹿特丹宣言》，率先响应联合国可持续发展目标。2024年10月，首届乳业领袖可持续发展大会在2024世界乳业峰会期间隆重召开，全球乳品行业的企业代表、专家学者及行业组织共同探讨乳业可持续发展之路，联合国粮食及农业组织与国际乳联联合签署了《乳业可持续发展巴黎宣言》。该宣言强调乳业对粮食安全和气候行动的贡献，要求乳企减少全产业链碳排放，表达了对于推动乳业可持续发展的坚定承诺，并呼吁各方采取有力行动，共同推动乳业的可持续发展。

欧盟、美国、新西兰、澳大利亚等主要产奶地对乳业绿色发展与减少碳排放的要求也日益严格，其政策框架和实践路径既体现共性，也存在差异。如欧盟自2026年起正式实施碳关税（CBAM），要求进口乳制品申报全生命周期碳排放数据，并支付相应成本；过渡期内（2025年）已要求出口企业提供标准化碳排放数据，且仅允许使用欧盟认可的计算方法。其中，乳制品生产中的饲料种植、加工能耗、运输等环节均需纳入核算范围，倒逼企业优化供应链管理。欧盟《循环经济行动计划》要求乳企采用可降解包装、提升资源利用效率，计划到2050年实现乳业净零排放，企业需通过绿色认证（如ISO 14068）证明减排成效。美国通过税收优惠和补贴鼓励乳企使用风能、生物质能等可再生能源，并推动碳交易市场发展。加利福尼亚州等部分州要求乳制品企业参与碳抵消项目，如通过甲烷捕获技术处理牧场废弃物。美国农业部（USDA）制定乳制品可持续采购指南，要求企业披露碳排放强度，通过技术创新降低单位产品的碳足迹，采取并推广精准饲喂技术以减少饲料浪费，降低养殖环节碳排放等。新西兰以碳税与农牧结合模式实现减排，是全球首个对农业排放征税的国家，要求乳企按甲烷和氧化亚氮排放量缴纳税费，计划到2030年农业甲烷排放较2017年减少10%，并推动牧场采用沼气发电等粪污资源化技术；同时推行"草饲奶牛"模式，减少饲料生产碳排放，并通过"Toitū碳零认证"体系引导企业实现碳中和。澳大利亚以政策协同与技术补贴促进绿色转型，计划效仿欧盟推出碳关税，并修订《国家乳业可持续发展框架》，要求乳企在2030年前将碳排放强度降低30%；政府通过支持企业采用磁悬浮鼓风机等节能设备和可再生能源等补贴措施来促进乳业绿色化转型；澳大利亚乳业协会联合科研机构开发"低碳牧场管理工具"，帮助农场主优化饲料配比和粪污处理，并通过推广太阳能灯具和余热回收系统降低综合能耗等（表4-2）。

表4-2　国际政策经验对比与总结

主要产奶地	核心政策工具	行业实践案例	重点减排环节
欧盟	CBAM、循环经济立法	伊利零碳工厂	加工能耗、包装材料
美国	碳交易、清洁能源补贴	加州甲烷捕获项目、精准饲喂技术	养殖废弃物、能源结构
新西兰	碳税、农牧循环模式	恒天然减排投资、Toitū认证体系	牧场管理、粪污处理
澳大利亚	碳关税筹备、技术补贴	低碳牧场工具、余热回收系统	饲料生产、设备能效

国际环保立法对乳业的影响是把双刃剑，从短期看会增加企业成本，但长期则会驱动行业向高效、低碳、可持续方向转型。未来，各地政策立法趋同，将推动全球乳业标准一体化。在此背景下，企业需加速碳捕捉、数字化牧场管理等技术创新，加强国际合作以应对绿色贸易壁垒。同时，消费者更加偏好绿色产品也会倒逼企业增强供应链透明化。中国乳企需继续加强国际合作，积极平衡环保合规与市场扩张，在全球竞争中力争占据更加主动的地位。

二、国内环境变化对奶业产业链供应链影响

从国内形势看，政策赋能与监管护航双管齐下，全面提振乳品生产能力与消费潜力。2025年，中国奶业或将迎来深度调整，产能过剩与成本压力仍是行业难题，去产能与规模化升级可能持续推进，高端有机奶、功能性乳品需求或将保持增长，推动产品结构不断优化，乳业振兴与质量监管强化或促进行

业整合，头部企业将加快全产业链布局。

（一）政策环境释放积极信号，为奶业发展提供有力支撑

近年来，国内政策环境整体对奶业发展释放了积极信号，为乳制品行业的蓬勃发展注入了强劲动力。从生产端来看，对养殖场户饲草成本的控制和对新型经营主体的培育，保障了奶源的稳定与质量提升。从消费端来看，政府通过发放消费券等扶持政策，直接刺激了乳制品的消费需求，让更多消费者有机会购买优质乳制品。从饲料端来看，近年来国家大力推行饲粮减量替代政策，推动养殖业降耗增效，促进奶业集约化、绿色化发展。

1.支持性政策促进奶业全面振兴

国家层面，农业农村部出台《"十四五"奶业竞争力提升行动方案》《全国奶业发展规划（2016—2020年）》等政策文件，明确了奶业发展的目标，包括提升奶业综合生产能力、优化产业结构、提高乳制品质量安全水平、提升奶业竞争力等。地方层面，各省（自治区、直辖市）根据国家政策，结合本地实际情况，出台了一系列具体措施，如内蒙古出台的"奶九条"政策、云南出台的奶业振兴政策等。政策支持内容主要集中于以下几方面：一是大力支持规模养殖。加大对奶牛家庭牧场、奶农合作社等新型经营主体的扶持力度，提供资金补贴、技术指导和设备支持，鼓励扩大养殖规模，提高养殖的专业化和规范化水平。二是推进饲草产业发展。落实粮改饲政策，扩大优质饲草种植面积，提高饲草质量和产量。鼓励研发和推广优质饲草品种，降低养殖成本。三是促进产业融合发展，推动养殖加工一体化，鼓励乳企与养殖场建立紧密的利益联结机制，通过签订长期合同、相互持股等方式，实现风险共担、利益共享。支持奶业与旅游、文化等产业融合发展，开发奶业观光旅游、奶文化体验等项目，拓展奶业发展的新空间。四是加大科技创新与人才培养，设立奶业科研专项基金，支持高校、科研机构和企业开展奶业关键技术研发，如奶牛良种繁育、疫病防控、乳制品加工技术等。加强奶业相关学科建设，在高校和职业院校中增加奶牛养殖、乳品加工、质量检测等专业，培养适应奶业发展需求的高素质专业人才（表4-3）。

地方政府层面，为了响应国家号召，各省（自治区、直辖市）积极印发有关政策通知，推动乳制品行业发展（表4-4）。

表 4-3　国家层面关于乳业发展的部分政策文件梳理

发布时间	发布部门	政策文件	重点内容整理	政策性质
2007年9月	国务院	《国务院关于促进奶业持续健康发展的意见》	提出加大奶牛养殖补贴力度，建立奶牛政策性保险制度，支持建设标准化养殖小区等具体措施	支持类
2008年10月	国务院	《乳品质量安全监督管理条例》	稳定了奶农信心，推动了奶牛规模化养殖比例提升（目前全国百头以上规模化养殖占比76%）	规范类
2010年7月	农业部、国家发展和改革委员会等4部门	《全国奶业发展规划（2009—2013年）》	以法规形式明确乳品质量安全标准强化生产环节监管，建立生鲜乳收购许可制度，严格原料奶质量。显著提升消费者信心，生鲜乳抽检合格率从不足80%提升至2023年的100%	支持类
2013年6月	食品药品监管总局、工业和信息化部等9部门	《关于进一步加强婴幼儿配方乳粉质量安全工作的意见》	采取有效措施，帮助奶农和企业渡过难关，恢复消费信心，稳定奶业生产利用市场机制，推动奶牛和奶农提高自身素质，促进产业升级通过强化监管，综合施策，全面提高我国婴幼儿配方乳粉质量安全水平，维护人民群众切身利益，提振消费信心，促进乳品产业振兴和健康持续发展	支持类
2013年9月	国家质量监督检验检疫总局	《关于加强进口婴幼儿配方乳粉管理的公告》	对华出口婴幼儿配方乳粉的境外生产企业应按照《进出口乳品检验检疫监督管理办法》《进口食品境外生产企业注册管理规定》等规定，办理注册。自2014年5月1日起，未经注册的境外生产企业的婴幼儿配方乳粉不允许进口	规范类
2016年12月	农业部、国家发展改革委等5部门	《全国奶业发展规划（2016—2020年）》	实出绿色发展，加快提档升级优化区域布局，发展奶牛标准化规模养殖，推动乳制品加工业发展等	支持类
2018年6月	国务院办公厅	《关于推进奶业振兴保障乳品质量安全的意见》	明确了今后一个时期奶业发展的指导思想、基本原则、主要目标和重大政策措施加强优质奶源基地建设、完善乳制品加工和流通体系，强化乳品质量安全监管，加大乳制品消费引导	支持类

（续）

发布时间	发布部门	政策文件	重点内容整理	政策性质
2018年12月	农业农村部、国家发展改革委等9部门	《关于进一步促进奶业振兴的若干意见》	以实现奶业全面振兴为目标，优化奶业生产布局，创新奶业发展方式，建立完善以奶农规模化养殖为基础的生产经营体系，密切产业链各环节利益联结，提振乳制品消费信心，力争到2025年全国奶类产量达到4500万吨，切实提升我国奶业发展质量、效益和竞争力	支持类
2019年3月	农业农村部	《奶业品牌提升实施方案》	力争到2025年，我国奶业品牌化水平显著提高，品牌市场占有率、消费者信任度明显提升，品牌带动产业发展和效益提升作用明显增强。奶业品牌建设与奶业振兴发展紧密结合，形成创品牌、推品牌、护品牌的品牌发展机制，培育出一批具有影响力的产品品牌、企业品牌和区域公用品牌，使国产奶业品牌深入人心	支持类
2019年6月	国家发展改革委等7部门	《国产婴幼儿配方乳粉提升行动方案》	大力实施国产婴幼儿配方乳粉"品质提升、产业升级、品牌培育"行动计划，国产婴幼儿配方乳粉产量稳步增加，更好地满足国内日益增长的消费需求，力争婴幼儿配方乳粉自给水平稳定在60%以上；产品质量安全可靠，品质稳步提升，消费者信心和满意度明显提高；产业结构明显优化；产品竞争力进一步增强，市场销售额显著提高，行业集中度高，中国品牌婴幼儿配方乳粉在国内市场的排名明显提升	支持类
2020年	国家市场监管总局	《乳制品质量安全提升行动方案》	到2023年，乳制品安全监管法规标准体系更加完善，乳制品质量安全监管能力提升，监督检查发现问题整改率达到100%，乳制品质量监督抽检合格率保持在99%以上。乳制品生产企业实施危害分析与关键环节控制点检验检测与产品检验报告率达到100%，食品安全自查率达到100%，发现风险隐患报告率达到100%。婴幼儿配方乳粉企业自建自控奶源比例进一步提高，产品研发能力进一步增强。乳制品生产企业自建自控生鲜乳辅料，关键环节风险报告率达到100%，食品安全管理人员监督抽查报告考核合格率达到100%。乳制品企业质量安全考核核心合格率达到100%，产品结构进一步优化，乳制品生产工艺进一步改进、乳制品消费信心进一步增强	支持类

（续）

发布时间	发布部门	政策文件	重点内容整理	政策性质
2021年10月	国家市场监管总局	《关于鼓励企业标注乳制品食用期限期的公告》	生产经营的食品标签应当标注生产日期、保质期。为方便消费者识别乳制品的食用期限，避免食物浪费，市场监管总局鼓励食品生产企业在保质期的基础上，明确标注保质期到期日前食用期，如"保质期至XXXX年XX月XX日""请于XXXX年XX月XX日前食用（饮）用"等	规范类
2022年2月	农业农村部	《"十四五"奶业竞争力提升行动方案》	统筹兼顾，抓主抓重。围绕奶业主产省，兼顾南方潜力和特色奶产区，以节本增效为目标，补短板、强弱项，提升规模养殖场草畜配套比例，资源利用效率和数字化应用水平，优化奶源布局，示范带动奶业高质量发展政府引导，多元投入。充分发挥奶牛养殖场、乳品加工企业、第三方检测机构等市场主体作用，通过政府扶持引导，鼓励地方资金配套、吸引金融、社会资本投入，调动各方参与积极性，形成多元化的投入格局供需适配，消费带动。发挥消费带动生产发展的引擎作用，加强公益和科普宣传，展示国产奶源"新鲜"优势，促进乳品消费多元化、本土化、提升奶业竞争力	支持类
2022年6月	财政部、农业农村部	《关于实施奶业生产能力提升整县推进项目的通知》	通过支持奶业大县发展草畜配套，适度规模养殖，促进奶业一二三产业融合、提效率、降成本，力争用3~4年时间进一步提升奶业大县饲草料供应水平和养殖设施装备水平，奶牛年均单产水平达到9吨以上，进一步提高奶业生产效率和奶农自我发展能力，完善区域全产业链奶业生产经营模式，增强奶源供给保障能力	支持类

（续）

发布时间	发布部门	政策文件	重点内容整理	政策性质
2022年9月	农业农村部	《畜牧业"三品"—标提升行动实施方案（2022—2025年）》	到2025年，畜禽业发展实现全面提升，畜禽和畜牧业发展到更高水平，全国饲料质量安全抽检合格率在98%以上；50%以上的规模养殖场实施养殖减抗行动，兽药质量监督抽检合格率保持在98%以上，肉蛋奶等畜产品的兽药残留药档越得到有效遏制。标准畜禽规模养殖持续推进，每年创建100个左右国家级畜禽标准化示范场。全国畜禽规模养殖比重达到78%左右，畜牧业绿色发展取得显著成效，支持250个以上项目目开展畜禽粪污资源化利用整县推进工作，全国畜禽粪污综合利用率达到80%以上	支持类
2023年2月	农业农村部	《关于落实党中央 国务院2023年全面推进乡村振兴重点工作部署的实施意见》	实施奶业生产能力提升整县推进项目，加强奶源基地建设，支持开展奶农养养加一体化试点	支持类
2023年9月	国家卫健委、国家市场监管总局	GB 12693—2023《食品安全国家标准乳制品良好生产规范》	新标准将乳制品的主要原料从"牛乳"扩展为"生乳"，这一变化适应了乳制品行业多元化的发展趋势。细化，要求企业自行建设的生乳收购站或或牧场应符合国家和地方相关规定，对生乳质量和安全进行全过程统一管理。这一要求有助于加强奶源基地建设，提升乳制品的原料品质。在生乳运输和贮存方面，新标准新增了生乳进厂后贮存温度的控制要求，指出无特殊要求时，贮藏温度不超过7℃	规范类
2024年9月	农业农村部等7部门	《关于促进肉牛奶牛生产稳定发展的通知》	着力稳定肉牛奶牛基础产能，有效降低养殖场户饲草成本，推动奶业养殖加工一体化发展，强化信贷保险政策支持，强化脱贫地区和脱贫群众肉牛养殖产业支持，促进牛奶消费，加强技术指导服务	支持类

表4-4 部分省份乳业发展政策文件梳理

省份	时间	政策	重点内容整理
内蒙古	2022年3月	《推进奶业振兴九条政策措施》	对新建规模化奶牛养殖场进行补贴，对使用专项债新建奶业发展园区子以支持，对龙头企业生鲜乳加工增量进行补贴，对龙头企业利用生鲜乳喷粉进行补贴；对新增规模化苜蓿草种植企业进行补贴，设立奶牛疫病防控专项资金，支持乳业创新平台建设，设立自治区奶业振兴基金
	2023年9月	《内蒙古自治区人民政府办公厅关于印发推进奶产业高质量发展若干政策措施的通知》	加强"草源"基地建设，降低饲养成本。提升"种源"自给能力，加强奶畜良种繁育。稳固"奶源"供给保障，夯实产业发展基础。做优做强乳制品加工，促进产业提档升级。强化品牌培育，提升产业竞争力。强化消费引导，扩大乳制品消费。加强科技创新，推动成果转化应用。提高监管水平，保障乳制品质量安全。压实工作责任，完善保障措施
	2024年4月	《赤峰市奶业振兴行动方案（2022—2025年）》	加强奶源基地建设，推动优质奶牛扩群提质，加快奶牛良种繁育体系建设，推进规模标准化养殖，加快发展数字化牧场等。推进种养结合绿色循环发展，提高优质饲草保障能力，提高粪污处理利用能力。引导奶业加工高质量发展，加强乳制品特色奶品质量安全监管水平差异化发展等。加强生鲜乳健康管理，提高生鲜乳品质量水平等
	2024年11月	《呼伦贝尔市人民政府办公室关于印发推进奶产业高质量发展若干政策措施》	坚持为养而种、种养结合，加快推进优质饲草料基地建设。持续支持新建规模养殖场发展，落实呼伦贝尔市奖励企业上市奖补政策，支持有条件的奶业企业挂牌上市；常态化开展政金融资对接，鼓励金融机构创新金融产品和服务
	2024年11月	《2024年内蒙古奶牛核心育种场创建补贴项目政策》	对新创建的国家级核心育种场一次性奖励300万元，自治区级一次性奖励200万元（2025年前新创建的自治区级核心育种场升级创建为国家级核心育种场后，可再补贴100万元；已认定的国家核心育种场不可申报自治区级核心育种场）
河北	2019年7月	《河北省人民政府关于加快推进奶业振兴的实施意见》	在建设绿色优质奶源基地，做大做强乳制品加工龙头企业，打造国际一流乳品品质，提升乳品品牌竞争力等方面作了部署。提出到2025年，全面实现奶业振兴，在全国率先实现奶业现代化，生鲜乳产量力争达到1000万吨，乳制品产量力争达到760万吨

（续）

省份	时间	政策	重点内容整理
河北	2022年6月	《河北省人民政府办公厅关于进一步强化奶业振兴支持政策的通知》	从支持基因检测、支持奶牛育种集群创建、支持优质奶牛快速扩繁、支持奶牛机械化养殖水平提升、支持乳品企业扩能和高端新品生产、支持过剩生鲜乳喷粉、支持"学生饮用奶计划"实施范围拓展四项措施，扩大乳制品加工消费。通过支持基因检测、支持优质奶牛种质资源引进三方面加快奶牛种业发展；支持饲草产业发展，支持种养结合类资源污染化利用，提升奶源基地建设水平，提升奶业品牌竞争力提升
河北	2024年12月	《关于促进肉牛生产稳定发展的通知》	包括着力稳定肉牛基础产能，有效降低养殖户饲草成本，推动养殖加工一体化发展，强化信贷保险政策支持，强化脱贫地区和脱贫群众肉牛产业支持，加强技术指导服务等
黑龙江	2022年8月	《2022年黑龙江省大型奶牛养殖场建设补贴项目实施方案》	按照全产业链谋划，全要素投入，全方位服务的工作定位，充分发挥财政资金杠杆撬动作用，支持新建一批存栏3 000头以上草畜配套、种养循环、集约智慧型的大型奶牛养殖场，破解制约产业发展的种养结合制障碍，快速提高奶源供给效率，提升奶业竞争力
黑龙江	2022年8月	《2022年黑龙江省奶乳"一体化"万头奶牛养殖场建设补贴项目实施方案》	2022年支持建设奶乳"一体化"万头奶牛10个；2022—2025年支持建设奶乳"一体化"万头奶牛场40个，达产后新增奶牛存栏40万头以上，新增优质生鲜乳200万吨以上，建成全国最大"万头牧场"集群
黑龙江	2022年8月	《2022年黑龙江省奶牛良种补贴项目实施方案》	鼓励规模奶牛养殖场使用优质奶牛冷冻精液，改善奶牛遗传品质，提高奶牛群体生产水平，增加生鲜乳产量，提高生鲜乳质量。到2025年，通过奶牛品种改良带动全省奶牛品改良带动全省奶牛均单产达到9吨以上
黑龙江	2022年8月	《2022年黑龙江省粮改饲工作实施方案》	通过实施粮改饲补助政策，采取以养带饲方式给予收喂"环节补助，提高草食性饲草饲喂水平，促进规模养殖和节本增效，带动种植结构调整。促进青贮饲料生产应用。推广规模养殖和节本增效

（续）

省份	时间	政策	重点内容整理
山东	2019年7月	《山东省加快推进奶业振兴实施方案》	实施优质奶源基地建设行动，实施乳品加工品牌提升行动，实施乳业科技创新行动，实施质量安全管控行动，实施消费引导宣传行动。到2025年，奶类总产量330万吨，奶业竞争力整体水平走在全国前列，率先实现全面振兴
	2024年6月	《推进奶业高质量发展十条措施》	为解决奶业发展中养殖与加工利益联结不紧密、产需不平衡等突出问题，现就推进山东奶业高质量发展提出十条措施，包括支持养殖主体提升，强化奶牛疫病防控、规范养加一体化、深化金融服务保障、强化担保保险联动等
上海	2020年9月	《实施国产婴幼儿配方乳粉提升行动工作方案》	实施"品质提升行动"，保障产品质量安全。实施"产业升级行动"，推进高质量发展。鼓励婴幼儿配方乳粉企业和奶源基地协同发展，倡导企业使用生鲜乳生产婴幼儿配方乳粉，支持企业在境内外收购乳粉企业和建设奶源基地，降低原料奶成本
江苏	2021年3月	《生鲜乳质量安全管理工作方案》	加强奶畜养殖环节监管。严把生鲜乳收购运输准入关。规范办证程序，禁止向未经工商登记的乳制品生产企业、养殖场，奶农专业生产合作社和个人发放收购许可证。加强奶畜规模场网上备案管理，完善奶畜养殖场基础信息。全面推进"智慧畜牧"，生鲜乳监管平台建设，提高管理工作信息化、规范化、精准化水平
浙江	2021年2月	《关于促进奶业高质量发展的意见（征求意见稿）》	按照"浙北适度发展、浙南稳定提质"思路，以现代农业园区为重点统筹现有乳制品加工企业。支持现有规模牧场种养结合的规模奶牛场，进一步推进生鲜乳生产向优势区域集中。建设一批适度规模、种养结合的规模奶牛场，因地制宜扩大养殖规模，支持山羊、奶水牛等其他奶畜生产，丰富奶源结构。力争到2025年，全省奶牛存栏量达到5.1万头，生鲜乳产量23万吨左右，奶牛平均单产85吨以上；乳制品监督抽检合格率99%以上
山西	2021年8月	《山西省"十四五"农业现代化三大省级战略、十大产业集群培育及巩固拓展脱贫攻坚成果规划》	实施奶业强省战略，依托雁门关农牧交错带建设，聚焦"新鲜绿色、优质、特色"乳品消费导向，补齐生产规模小、龙头带动弱、利益联结不紧等短板，突破婴幼儿配方奶粉、干乳制品等高端产品技术制约，推动省内乳企与知名乳企合作，聚焦提高企业市场竞争力，成立产业联盟，探索开展企业混改、股份合作、兼并重组等试点组建"集群航母"

（续）

省份	时间	政策	重点内容整理
安徽	2018年12月	《安徽省人民政府办公厅关于推进奶业振兴保障乳品质量安全的实施意见》	加强优质奶源基地建设、完善乳制品加工和流通体系、强化乳制品质量安全监管、加大乳制品消费引导、完善保障措施
湖北	2018年12月	《湖北省人民政府办公厅关于推进奶业振兴保障乳品质量安全的实施意见》	加强优质奶源基地建设，强化乳制品质量安全监管，完善乳制品生产、加工、流通体系。优化乳制品产品结构，支持地方特色水牛奶产业发展，开发高品质水牛乳制品。实施本土奶业品牌复兴战略，大力支持本土奶企提升乳品品质、服务质量等方面能力，开展差异化竞争，引领特色奶业发展
北京	2023年9月	《北京市奶业高质量发展行动方案（2023—2027年）》	优化产业布局，加强奶源保供基地建设；加强良种培育，提高奶业自主创新能力；做强龙头企业，稳定奶源自给种和种业发展基础；推进转型升级，优化养殖模式，提高废弃物资源化利用；严格全程监管，确保乳制品质量安全
云南	2023年11月	《关于印发云南省推进奶业振兴若干政策措施的通知》	从良种奶牛扩繁、饲草料保障能力提升、优质奶源基地建设、动物疫病防控、绿色有机发展、金融政策支持等方面制定了6项政策措施，涵盖了引进优质奶牛奖补、全株青贮玉米奖补、秸秆收贮奖补地方奶牛养殖奖补、新建奶牛产业奖补、两病净化场创建绿色有机认证奖补、财政金融保障7个方面

从部分省份相关支持政策来看，不同地区对奶业政策侧重点不同。鉴于饲料生产、奶牛养殖等存在明显的地域特征，内蒙古、黑龙江等生鲜乳优质产区将发展特色奶业和乳制品业作为推动区域经济发展的重要内容加以布局，通过加大财政补贴、创新平台建设、布局一体化产业体系等方式，不断强化地区生鲜乳供给能力，推动奶业振兴和产业跨越式发展。内蒙古特别注重科技创新和品牌建设，而黑龙江更加注重产业链建设和资金补贴支持，其他省份则重点集中在市场秩序、区域布局、乳品质量等方面，这些政策的实施有效促进了当地奶业的发展，提升了奶业的整体竞争力。

2025年中央1号文件提出，推进肉牛、奶牛产业纾困，稳定基础产能。落实灭菌乳国家标准，支持以家庭农场和农民合作社为主体的奶业养殖加工一体化发展，将对行业产生积极影响。通过缓解行业周期性波动、优化产业链结构、推动消费升级，为乳业从规模扩张向质量效益转型提供系统性支持，具体影响表现为以下几方面：一是建立乳业调控与纾困机制，通过产能监测和调控手段平衡供需关系，缓解原奶价格下行导致的行业亏损问题，预计未来原奶价格将逐步实现稳定。二是养殖模式转型，推动规模化牧场与中小主体协同，降低制度性成本（如产权分配）和系统性成本（如配套设施不足），提升抗风险能力。三是标准与消费升级，修订灭菌乳国家标准，限制液态奶中复原乳使用，倒逼企业提升鲜奶原料比例，推动产品结构向低温乳制品、功能性乳品等高附加值品类倾斜，满足消费端品质需求。四是疫病防控强化，强化重大动物疫病防控，通过技术补贴、检测体系完善等降低乳房炎、蹄病等牧场常见病损失，提升原奶质量稳定性。

从发展趋势来看，未来国内乳业集中度或将分化，即中小牧场通过区域集群整合提升竞争力，大规模牧场依托智慧管理降低成本或以A2奶、有机奶等高附加值产品维持本身优势。随着技术驱动效率大幅提升，人工智能、低空经济、大模型等向奶业行业加速渗透，预计未来有望降低人力成本20%～30%，这将有助于加速推动农业新质生产力落地。伴随奶业全产业链数智化转型加快实施，产业链供应链韧性将显著增强，区域性原奶价格预警机制、期货工具对冲风险、长期奶源协议锁定等策略，将成为企业应对市场波动的重要抓手。

2. 饲粮减量替代政策推动养殖业降耗增效

粮食安全是国家发展的重中之重，它不仅关系到国家的经济繁荣，还直接影响到社会稳定和国家安全。党的十八大以来，确立了以我为主、立足国内、确保产能、适度进口、科技支撑的国家粮食安全战略，提出新粮食安全观，确保谷物基本自给、口粮绝对安全，粮食产量连续9年稳定在1.3万亿斤①以上，2024年更是首次迈上1.4万亿斤新台阶。与此同时，我国作为粮食消费大国，庞大的人口规模和消费结构升级使得粮食需求不断提升，粮食安全保障压力依然较大。在保障粮食供需基本平衡的基础上，还有一些饲料粮需要通过国际市场来解决。目前我国每年进口粮食1.5亿吨左右，其中近1亿吨是大豆，除了榨油之外，大豆最重要的用途是作为蛋白饲料原料，养殖端所需的饲料中有10%~15%的蛋白含量需要通过进口来解决，饲料粮在粮食消费总量中占比不容小觑。因此，能否有效推进饲料粮减量替代，既关乎老百姓餐桌，也影响着粮食安全形势。

20世纪80年代以来，我国养殖业发展主要采用玉米豆粕型的饲料配方模式，豆粕用量占比较高。随着养殖量增加以及养殖模式和结构改变，饲料粮用量逐年增加，供应日趋紧张。数据显示，2017年我国饲料中豆粕占比为17.9%，全年豆粕饲用量达6 800万吨，主要源自进口大豆。随着我国畜禽水产品消费需求持续增加，将带动饲料粮需求进一步刚性增长。在我国饲料中豆粕占比偏高的情况下，2023年4月，农业农村部办公厅印发《饲用豆粕减量替代三年行动方案》。饲用豆粕减量替代行动实施以来，通过推动养殖生产过程"省吃俭用"取得显著成效。2023年我国饲料配方中豆粕占比下降到13%，比2017年下降4.9个百分点，按全年饲料消耗量测算，相当于减少了900万吨左右大豆消耗。豆粕作为大豆加工的重要副产品，其减量替代有助于推动大豆产业的绿色环保与可持续发展。通过减少豆粕用量，可降低饲料成本、提高养殖效益，也有助于减少豆粕生产过程中的环境污染和资源浪费。对我国大豆产业而言，豆粕减量替代行动将促使其向更环保高效的方向发展，有助于提升整个产业的竞争力与可持续发展能力。

除豆粕以外，近年来玉米、大麦等饲料粮在养殖环节使用也实现了减量降耗。据中国饲料工业协会数据，2024年1—10月，全国饲料企业用于饲料生产的玉米、大麦、高粱等谷物下降5.5%、豆粕下降8.0%，谷物、豆粕在饲料中的占比分别为54.4%、12.9%，同比分别下降1个百分点、0.5个百分点。按

---

① 斤为非法定计量单位，1斤=500克。——编者注

工业饲料产量2.55亿吨计算，相当于节约谷物255万吨、豆粕127万吨，饲料粮节约降耗效果显著，有力促进了养殖环节降本增效。2024年12月，农业农村部印发《关于实施养殖业节粮行动的意见》，明确提出到2030年，标准化规模养殖方式的单位动物产品平均饲料消耗量比2023年下降7%以上，非粮饲料资源开发利用量明显增加。这意味着养殖业节粮行动将在全国范围内大力推进。下一步，将围绕产出高效、产品安全、资源节约、绿色低碳的工作目标，统筹推进提效节粮、开源节粮、优化结构节粮、围绕料、草、种、医、管全链条各环节，协调推进，强化科技支撑，突出典型引领，提升养殖业的饲料转化率、资源利用率和总体产出效率，深入推进饲料粮减量替代，持续推动养殖业节粮降耗、降本增效。

（二）乳品监管体系日趋完善，加速驱动产品品质全链条革新

质量安全是奶业的生命。振兴中国奶业，确保产品质量安全是最基本的前提。经过多年发展，我国奶业已经构建起覆盖全产业链的质量监管体系。其中，《食品安全法》《乳制品质量安全监督管理条例》等法律法规为行业提供了法律保障，国家市场监督管理总局、农业农村部等乳制品行业主管部门及中国乳制品工业协会、中国奶业协会等行业自律组织在提升乳品质量安全方面发挥了积极作用，国家标准、行业标准和地方标准等完善的标准体系全面建成，涵盖了乳制品生产、加工、检验等多个环节，旨在确保乳品质量安全，保障公众身体健康和生命安全，促进奶业健康发展。

1.我国乳品安全法律法规体系逐步构建

我国乳品安全监管起步于2001年，国务院办公厅批准发布《中国食物与营养发展纲要（2001—2010年）》，将奶类产业列为未来10年中国食物与营养优先发展的重点领域之一，但这期间监管体系尚不完善，法律法规不够健全。2008年奶制品污染事件发生后，我国加快了对食品安全法规的制修订。2008年10月国务院颁布了《乳品质量安全监督管理条例》，对奶畜养殖、生鲜乳收购以及乳制品生产、销售、监督检查等各个环节的质量安全管理制度进行严格细化；2009年6月1日起《食品安全法》施行，2015年对《食品安全法》的修订进一步强化了对乳制品生产、加工、销售等环节的监管，并于2018年、2021年分别进行了修正。

2021年3月，国家卫生健康委发布了《食品安全国家标准　婴儿配方

食品》（GB 10765—2021）、《食品安全国家标准　较大婴儿配方食品》（GB 10766—2021）和《食品安全国家标准　幼儿配方食品》（GB 10767—2021）等多项国家标准，被称为史上"最严格"的婴幼儿配方奶粉国标。其要求之高，已经超过了大多数欧美国家的标准。婴幼儿配方食品是无法实现母乳喂养的婴幼儿重要的甚至是唯一的营养物质来源，制修订并实施婴幼儿配方食品系列标准，是保障婴幼儿配方食品安全性、营养充足性的关键措施。这几项新国标主要调整了较大婴儿和幼儿配方食品中蛋白质、碳水化合物、乳糖等含量要求，具体增加了较大婴儿配方食品中乳清蛋白含量要求，并明确限制蔗糖在婴儿和较大婴儿配方食品中添加；将婴儿和较大婴儿配方食品中的胆碱从可选择成分调整为必需成分，将较大婴儿配方食品中的锰和硒从可选择成分调整为必需成分。依据食品安全相关法律规定，所有婴幼儿配方乳粉企业均须按新国标规定调整配方并且重新注册，为此新国标设置2年过渡期，于2023年2月22日正式实施。

2024年，国家卫生健康委发布《关于发布〈食品安全国家标准　食品添加剂使用标准〉（GB 2760—2024）等47项食品安全国家标准和6项修改单的公告》（2024年第1号）。其中，《食品安全国家标准　乳粉和调制乳粉》（GB 19644—2024）于2025年2月8日开始正式实施。其是对《食品安全国家标准　乳粉》（GB 19644—2010）的修订和更新，适用于乳粉（全脂、脱脂、部分脱脂）和调制乳粉两大类产品，除了婴幼儿配方奶粉以外，调制乳粉还包含了成人奶粉、中老年人奶粉等。新国标的调整主要包括：针对市面上的乳粉和调制乳粉产品良莠不齐的问题，对原料要求作出升级，强调核心原料须来自同一种动物，即乳粉要求以单一品种的生乳为原料，调制乳粉则是以单一品种的生乳和（或）其全乳（或脱脂及部分脱脂）加工制品为主要原料，添加其他原料（不包括其他品种的全乳、脱脂及部分脱脂乳）、食品添加剂、营养强化剂中的一种或多种，经加工制成的粉状产品，其中来自主要原料的乳固体含量不低于70%。此外，将原定义中的"生牛（羊）乳"扩展为"生乳"，范围覆盖了牛乳、羊乳、牦牛乳、骆驼乳、驴乳、马乳等多类乳畜来源的乳粉和调制乳粉产品，规定了不同种类乳粉和调制乳粉的原料、感官及蛋白质、脂肪、复原乳酸度等理化指标要求和微生物限量要求。还对维生素和矿物质含量设定了部分指标的最小值和最大值，增加了豆基产品中对铁、锌、磷含量的单独规定，提出乳粉产品若添加活菌，产品中活菌数应 ≥ 106 CFU/克等要求。

与旧国标相比，新国标对调制乳粉的研发能力及配方科学性提出了更高要求，行业准入门槛也再次提高。未来，贴牌、代加工和杂牌奶粉品牌将逐步被清退出市场，有助于乳制品生产环节行业集中度进一步提升，利好国产规模化奶粉企业的发展壮大。具体表现为：一是中小企业受制于研发及生产工艺限制，短时间内突破技术瓶颈较难，合规企业因原料纯度要求导致成本上升，迫使部分企业转向开发低糖、高蛋白等高附加值产品，或退出市场；二是头部企业凭借技术储备抢占先机，主打乳源标识透明化与精准营养创新，在保障纯度和品质基础上，创新专业化配方以满足细分需求，如聚焦活性菌种添加、特定人群营养强化、中老年肠道健康等细分赛道，进一步满足消费者个性化需求。

2. 全链条监管模式守护乳品安全保障

乳品行业产业链长、参与主体众多，奶牛养殖、生鲜乳收购、乳制品加工、产品流通、市场销售等任何一个环节出现问题，都有可能影响到最终产品的品质与安全保障，从产业链角度出发，乳品监管体系与监管内容涉及行业的方方面面。

奶源监管环节包括奶畜养殖监管、生鲜乳收购监管和质量检测。其中，奶畜养殖方面，应对奶畜的饲养环境、饲料和兽药使用进行严格监管，如要求养殖场所符合卫生标准，避免环境污染影响奶畜健康；监督饲料生产企业和养殖户合理使用饲料，禁止使用违禁药物和添加剂，确保饲料的营养成分和质量安全，保障奶源质量。生鲜乳收购方面，需要对生鲜乳收购站的资质审批和日常运营进行严格管理。规范收购站的设施设备、卫生条件、收购记录等，确保生鲜乳收购过程符合卫生要求，防止掺杂掺假、非法添加等行为。同时，对生鲜乳运输车辆进行备案和监管，确保运输过程中生鲜乳的质量安全。质量检测方面，对生鲜乳中乳脂肪、乳蛋白、体细胞数、微生物等指标进行定期和不定期质量检测，以及对三聚氰胺、抗生素等违禁物质进行筛查，确保生鲜乳符合国家标准和质量要求。

生产加工监管环节包括生产许可与资质管理、生产过程监管和添加剂使用监管。其中，生产许可与资质管理方面，应对乳制品生产企业实施严格的生产许可制度，审核企业的生产条件、设备设施、人员资质、质量管理体系等是否符合要求。生产过程监管方面，应监督企业在生产过程中严格遵守良好生产规范（GMP）、危害分析与关键控制点（HACCP）体系有关规定，对原料验收、加工工艺、产品储存等环节进行把控，防止生产过程中的污染和质量问题。如要求企业对生产设备定期清洁消毒，对生产环境进行严格控制，确保产品质量稳定。添加剂使用监管方面，应明确允许企业使用的添加剂种类、范围和限量标准，监管部门对企业添加剂的采购、储存和使用情况进行检查，防止超范围、超限量使用添加剂，以及使用非法添加剂等行为。

产品流通监管环节包括市场准入与销售监管、冷链物流监管和追溯体系建设。其中，市场准入与销售监管方面，应加强对乳制品销售市场的管理，监督销售企业建立健全进货查验记录制度，确保所销售的乳制品来源合法、质量合格，禁止不符合食品安全标准的乳制品进入市场销售。冷链物流监管方面，应对于需要低温储存和运输的乳制品，如巴氏杀菌乳、酸奶等，加强对冷链物流环节的监管，确保冷链设备的正常运行，保证乳制品在储存和运输过程中的温度符合要求，防止产品变质。追溯体系建设方面，应通过信息化手段实现乳制品从奶源到餐桌的全过程追溯，消费者可以通过追溯码查询产品的生产信息、原料来源、检测结果等信息内容，监管部门也可以在出现质量问题时快速定位问题源头，采取有效措施进行处理。

标签标识监管环节包括标签内容规范和虚假宣传监管。其中，标签内容规范方面，应确保乳制品标签标识内容真实、准确、清晰，符合相关国家标准和规定。标签应标明产品名称、配料表、生产日期、保质期、贮存条件、营养成分表等信息，对于特殊用途的乳制品，如婴幼儿配方乳粉，还需标明适用年龄段、主要营养成分及其含量等。虚假宣传监管方面，应打击乳制品标签标识中的虚假宣传行为，如夸大产品功效、误导消费者等，确保消费者能够根据标签信息做出正确的消费选择，维护市场的公平竞争环境。

检验检测与风险监测环节包括常规检验检测和风险监测。其中，常规检验检测方面，监管部门应定期或不定期对乳制品进行抽样检验，按照国家标准和检验方法对产品的质量安全指标进行检测，检验项目包括微生物指标、理化指标、营养成分、添加剂含量等，及时发现和处理不合格产品。风险监测方面，应建立乳制品质量安全风险监测体系，对乳制品生产、流通和消费环节进行风险监测，及时发现潜在的质量安全风险。通过对监测数据的分析和评估，采取相应的预防和控制措施，防范质量安全事故的发生。

自 2009 年起，农业农村部启动生鲜乳质量安全监测计划，持续对生鲜乳进行定期抽检。《中国奶业质量报告（2024）》显示，2023 年，全国生鲜乳抽检合格率达 100%，乳制品总体抽检合格率达 99.87%，三聚氰胺等重点监控违禁添加物抽检合格率多年来保持100%；生鲜乳的乳蛋白、乳脂肪等关键营养指标均远超国家标准，菌落总数、杂质度和体细胞监测平均值分别符合国际和欧盟限量标准。国产奶与进口奶抽检数据显示，铅、铬、汞、砷等污染物指标合格率100%，国产奶的乳铁蛋白、β-乳球蛋白和糠氨酸等指标均优于进口同类产品，我国乳制品质量安全保障取得了显著成效。综上所述，我国政府在乳制品行业监管中发挥了关键作用，通过一系列政策文件和措施，有效推动了行业的结构调整、品牌建设、质量安全提升和市场发展。未来，随着政策的持续优化和实施，中国乳制品行业有望实现更加健康、可持续的发展。

（三）大众健康消费意识崛起，高端乳品需求倒逼产业转型升级

人类食用乳制品的历史由来已久，最早可追溯至新石器时代。彼时，人类在漫长的狩猎采集生活中逐渐开启畜牧养殖，这一转变为乳制品的食用奠定了基础。在中东、北非和欧洲等地区，早期人类开始驯化牛、羊等动物，除了获取肉类和皮毛外，也发现了这些动物乳汁的可利用价值，古巴比伦地区的壁画上就记录着人类获取、食用牛乳的场景。唐宋时期，食用乳制品在民间极为普遍，甚至一度"流行"，宋代、元代均对乳制品有所记载，明代李时珍则在《本草纲目》中对各种乳的特性与医药用途做了细致说明。历经数千年的发展，乳制品早已融入人类饮食文化的血脉，成为人们生活膳食中的重要组成部分。

1.我国乳品消费市场具有巨大增长潜力

世界各国依据不同情况，在自己的膳食指南中设置了相应的乳制品推荐摄入量。其中，推荐摄入量最高的是美国，提出成年人应每天饮用3杯液体奶，约710毫升；孟加拉国推荐摄入量较低，提出成年人每天至少摄入150毫升。相对而言，亚洲国家乳制品的推荐摄入量较低，欧美发达国家的推荐摄入量与居民摄入量相对较高。《中国居民膳食指南（2023）》将居民膳食设计成一座平衡宝塔，为每日三餐健康饮食提供指导，其中特别强调居民每天都应摄入一定量的乳制品，折合液体奶约为300~500克。近年来，随着人们生活水平提高和国民健康意识日益普及，我国人均乳制品年消费量整体上升，由2018年的34.3千克增长至2023年的42.4千克，但仅相当于《中国居民膳食指南（2023）》推荐量的23.2%~38.7%；与其他国家相比，我国人均乳制品消费量只相当于全球平均水平的1/3，远不及欧美发达国家和日本、韩国等国家。由此可见，我国乳制品消费量仍有较大增长空间，随着居民消费观念转变及消

费习惯的逐步养成，我国人均乳制品消费量预计将进一步上升，消费市场潜能也将进一步释放。

党的十八大以来，从2015年中央农村工作会议提出"树立大农业、大食物观念"，到党的二十大报告提出"树立大食物观，发展设施农业，构建多元化食物供给体系"，再到2024年中央1号文件提出"树立大农业观、大食物观，多渠道拓展食物来源，探索构建大食物监测统计体系"，关于大食物观的阐释不断丰富和发展。在大食物观发展背景下，我国奶业正经历从单一粮食安全向多元化食物供给体系的战略转型。在饮食领域，消费者不仅追求"吃饱"，更强调"吃好"，即在确保充足营养的同时，高度关注食物的安全性、多样性与均衡性，这为乳制品行业发展提供了广阔市场空间。近年来，大健康产业快速发展，大众对于优质蛋白食品消费需求旺盛，消费者偏好转向有机奶、低温鲜奶等高端乳制品及高蛋白、A2β-酪蛋白牛奶等功能化产品，同时奶酪等市场正在高速发展，零食奶酪品类趋于丰富，佐餐奶酪渗透率持续提升，豆奶、燕麦奶等植物基饮品的兴起也可能挤压传统乳制品市场份额，奶类消费呈多元化态势，将持续推动企业不断加强研发创新，以满足消费者不同口味的消费需求。

2. 人口结构变化对乳品需求产生深远影响

近几年，我国人口总量与结构发生显著性变化。根据国家统计局发布数据，2021—2024年我国人口连续三年出现负增长，总人口从2021年的14.12亿人降至2024年的14.08亿人；从每年变化来看，2022年人口减少85万人，2023年减少208万人，2024年减少139万人；出生人口呈现腰斩式下滑，从2016年的1 786万人降至2023年的不到1 000万人，虽然2024年有小幅反弹，但仍呈现人口增长下行趋势，对乳品行业发展的影响十分显著。人口下降导致的乳制品需求萎缩是不可逆的长期潜在风险，其影响将随人口拐点的到来逐步显现（表4-5）。

表4-5　人口风险VS其他核心风险

风险类型	影响程度	可对冲性	紧迫性
人口下降需求萎缩	高（长期结构性）	低（依赖战略转型）	中期（5～10年）
原奶成本波动	中高	中（上游整合）	短期（1～3年）
市场竞争加剧	中	中（产品差异化）	持续
食品安全事件	低（但破坏性强）	高（品控体系）	突发性

其中，婴幼儿奶粉是奶业、乳品行业的重要细分市场，人口出生率下降直接导致婴幼儿数量减少，这使得婴幼儿奶粉的消费需求明显下滑。根据AC尼尔森数据，2024年婴幼儿配方奶粉销售额下降7.4%，相较于2023年下降幅度收窄2.4%，成人奶粉继续保持稳定增长，2024年成人奶粉同比增长3.3%。许多奶业、乳品企业为了适应市场需求，在过去将大量资源投入婴幼儿奶粉的研发、生产和销售中，出生率下降使得这些企业面临产品结构调整的难题。一方面，调整生产设备和生产线需要投入大量资金和时间；另一方面，从婴幼儿奶粉市场转向其他产品领域，如成人奶粉、液态奶等，需要重新建立品牌形象和销售渠道，面临高昂的赛道转换成本。

与此同时，我国60岁以上老年群体规模不断扩大，已步入"人口老龄化"社会，这为面向中老年群体的乳制品市场开拓提供了新机遇。老年人对营养的需求较高，乳制品富含蛋白质、钙等丰富营养成分，有助于维持骨骼健康、增强人体免疫力。诸如高钙奶粉、添加益生菌等的功能奶粉，这些能够满足老年人营养需求的产品销量预计未来会出现增长。由于老年人的生理特点和健康需求各不相同，对乳制品的功能需求也更加细分，除了常见的高钙、增强免疫力等功能外，助眠、降血脂、控制血糖等具有特定功能的乳制品需求可能会增加。未来乳企将加大研发投入，推出更多适合老年人的乳制品，如开发营养成分更符合老年人需求的液态奶、酸奶，富含中药成分的功能性奶粉及口感更易咀嚼、消化的奶酪产品等，以满足老年人日益多样化的营养需求。

3. 扩大内需成为奶业增长的重要动力

2024年6月，国家发展改革委等五部门联合发布了《关于打造消费新场景培育消费新增长点的措施》，其中特别提及加快制定完善预制菜、乳制品产业相关标准，规范复原乳标识，鼓励用生乳生产液态奶。通过提升居民收入、优化消费环境等措施，刺激乳制品等消费需求。具体措施包括：一是实施减税政策，降低中低收入家庭税负，提升消费能力；二是强化生育与家庭支持，加大对育儿家庭的补贴，促进奶制品等相关市场增长；三是培育新型消费增长点，发展乳酪、功能性乳品等高附加值产品。此外，鼓励产业融合与产业创新，推动乳制品与其他产业联动，拓展消费场景，支持企业研发新产品，满足消费者多样化需求。这些全方位的政策举措，无疑为乳制品行业的发展释放了极为积极的信号，助力行业迈向高质量发展新征程。

第五章

国外奶业产业链供应链发展经验借鉴

一、美国奶业产业链供应链发展经验及启示

（一）美国奶业产业链发展经验及启示

1.发展经验

科技创新成为全产业链效率提升的核心驱动力。一是遗传育种技术的创新突破。基因选育技术方面，美国通过CRISPR基因编辑等基因组测序技术，筛选出高产、抗病、耐高温的优质奶牛品种。如荷斯坦奶牛经选育后，年均产奶量从1970年的6吨/头提升至2023年的12吨/头以上，部分牧场单产突破14吨/头。胚胎移植技术方面，通过体外受精（IVF）和胚胎分割技术，快速扩大优质奶牛种群。美国Trans Ova Genetics公司每年完成超30万枚胚胎移植，大大提升了优质基因覆盖率。二是数字化与智能化设备广泛应用。牧场管理智能化方面，美国多数牧场部署智能项圈，实时采集奶牛体温、反刍频率、活动量等数据，并结合AI算法预测发情期和疾病风险；采用全混合日粮（TMR）搅拌机和自动饲喂机器人，根据奶牛泌乳阶段调整饲料配方，料奶比（FCR）下降，饲料成本进一步节约。加工环节自动化方面，美国乳企采用计算机视觉技术（如ABB Robotics的牛奶灌装检测系统）识别杂质和分层现象，提高质检效率，降低人工成本。IBM Food Trust平台为乳制品提供全链追溯服务，消费者扫码可查询牧场位置、加工日期、运输路径等信息，食品安全投诉率大幅下降。三是绿色技术创新应用。粪污资源化利用方面，美国威斯康星州Fair Oaks农场将牛粪转化为沼气，年发电量达2.4亿千瓦时，可满足牧场60%的能源需求，并出售剩余电力创收；加利福尼亚州Central Valley牧场通过固液分离技术将粪污加工为有机肥，年产量达10万吨，可替代30%的化肥使用量，土壤有机质含量提升2%。可再生能源应用方面，密歇根州Swansgate Dairy屋顶安装太阳能板，年发电量达800兆瓦时，减少碳排放600吨。四是重视科研投入与成果转化。美国奶业高度重视科研与产业结合，如威斯康星大学、康奈尔大学等机构与奶企合作开发良种奶牛选育技术、饲料优化方案及疾病防控体系。政府通过农业技术推广服务（cooperative extension service）将科研成果快速转化为生产力，显著提升了单产效率和资源利用率。

规模化运营与全产业链协同促进降本增效。一是区域化养殖与集约化生产。美国乳业带布局较为集中，以威斯康星州、明尼苏达州、艾奥瓦州等州为主的中西部地区集中了全美国60%的奶牛存栏量，形成"饲料—养殖—加工"一体化产业集群。如威斯康星州牧场平均存栏量达1 200头，单产效率比分散牧场高25%。另外，美国乳业依托艾奥瓦州、伊利诺伊州等玉米和大豆主产区，建立区域性饲料加工中心，运输半径缩短至50千米以内，饲料成本降低10%~15%。二是纵向一体化协同模式，即企业主导的产业链整合。美国奶业形成了从饲料种植、奶牛养殖、乳品加工到终端销售的垂直整合体系。如美国最大乳企美国奶农公司通过控股牧场（如Morningstar Farms）直接控制原奶供应，加工环节损耗率从8%降至3%；蓝多湖公司与牧场签订10年以上固定价格协议，保障原料稳定供应，牧场现金流波动减少40%。同时，这种模式还促进了技术共享，如加工厂直接向牧场提供环保粪污处理方案，实现资源循环利用。

政府引导与行业自律构成双重保障。一是财政补贴与金融工具扶持。美国每年拨款5亿美元，支持牧场安装粪污处理设备（如厌氧发酵罐），符合条件的牧场可获得50%的成本补贴。美国政府推出"乳品收入保障计划（dairy revenue protection，DRP）""乳业边际保障计划（dairy margin coverage，DMC）""奶牛边际保障计划（livestock gross margin for dairy，LGM-Dairy）"等，分别帮助奶农在牛奶价格下跌或产量不及预期时获得赔偿、牛奶生产成本和销售价格之间有差额时获得赔偿、牛奶价格下跌或饲料成本上升而导致利润减少时获得赔偿。比如2023年威斯康星州有78.9%的牧场参与DMC，总赔付金额达2.8亿美元，平均每单赔付6.5万美元。二是推动行业标准化与加强产品质量监管。在生产环节，美国农业部（USDA）规定原奶菌落数≤30万CFU/毫升（欧盟标准为10万CFU/毫升），体细胞数≤75万个/毫升，违规牧场面临最高10万美元罚款。在加工环节，强制实施HACCP体系，乳制品加工厂还需通过FDA年度审核，不合格企业停产整改率100%。三是行业技术推广。美国的县一级政府均设有农业技术推广委员会，一般由5～7人组成，主要负责大学、研究所、企业和各咨询服务机构技术推广的协调工作。大学中一般都设立推广教授岗位，他们的工作不是在讲台上和实验室里，而是在生产单位中，把研究成果向生产中推广；推广教授都有一定的服务项目和服务区域，经常到生产单位进行现场咨询和技术指导。企业和各种咨询服务机构主要是针对企业的特点，推广特定技术，而大学和农业技术推广委员会则负责综合技术的推广。

"微笑曲线"战略与国际市场拓展。 一是深耕高附加值产品开发。美国乳企注重向产业链高附加值环节延伸，通过开发功能性乳制品、奶酪深加工产品及乳清蛋白提取技术，提升利润率。如施雷伯公司（Schreiber Foods）在全球经营的29家工厂中，有20家仍以生产天然奶酪、再制奶酪、奶油芝士等高附加值产品为主。2020年数据显示，美国出口的乳制品以奶粉、乳清、奶酪为主，2020年出口量占总出口量的近90%，其中乳清和奶酪的出口量占比接近50%，且该比例有进一步增长的趋势。二是拓展新兴市场与技术输出。2024年美国乳制品出口额达82亿美元，其中以墨西哥、东南亚国家为主要增量市场，奶酪和乳清蛋白出口量均实现增长。此外，作为全球最大的牛育种公司，美国胚胎移植公司ABS集团于2022年在内蒙古和林格尔新区建立中国第一个牛体外胚胎（IVF）实验室和性控分离实验室项目，提升牧场奶牛遗传品质。

产业链社会化服务组织提供一体化服务。 乳业发达国家（地区）的乳业社会化服务组织代表了乳业从业主体的利益，不同乳业社会化服务组织间配合密切、协调有序、服务领域全面。美国农业部（USDA）下设的国家农业统计中心（NASS）、经济研究中心（ERS）、农业科研中心（ARS）、农业市场中心（AMS）等部门分别在乳业发展调研、乳业技术研发、市场监管、经济研究等领域各司其职，相互配合，为美国乳业发展提供客观全面的乳业市场信息、技术指导与培训、乳业发展规划等相关服务。上述乳业社会化服务组织与美国高等院校及州立乳业部门合作开展服务活动，为乳业生产各环节提供一体化服务，维护乳业从业主体特别是奶牛养殖主体的利益，承诺保护奶牛养殖主体的隐私，为奶牛养殖户提供公平发展的机会，明令禁止所有政策扶持和资金援助涉及种族、性别、年龄、家庭状况等相关歧视。

2. 对中国的启示

推动全产业链创新突破。一是加大基础技术投入与技术转化，突破"卡脖子"环节。加大遗传、繁殖、营养、管理、粪污等方面的技术投入。探索设立乳业核心技术攻关专项，重点支持乳酸菌种质资源库、乳脂球膜提取技术；构建产学研联盟，推动乳企与大学、研究机构和科研院所共建联合实验室。二是提升全产业链数智化水平。加强案例示范带动作用，支持伊利集团"智慧牧场""智能工厂"等项目扩大试点；鼓励智能化设备的应用，对采购重点关键设备的企业给予一定购置税抵扣。三是加强专业人才培养与技能提升。应加强奶业相关领域的职业教育，重点培养牧场管理、乳品加工和营养研究领域的复合型人才，提升行业整体技术水平。

推进规模化养殖场向质量效益型转变。未来中国奶业要实现持续、健康发展，需大力促进产业的提质、降本、增效，即发展适度规模经营，注重生产效率，推进规模化养殖场向质量效益型转变，不断提高奶牛单产水平和生鲜乳品质，从而助推奶业经济效益的提升。

优化奶业产业支持政策体系。一是探索多元化的奶农补贴政策，研究制定运用保险和浮动补贴政策，保障奶农利益，提升其应对市场风险能力。二是打破行政壁垒，优化农业农村、市场监督等各部门间的协调性和互补性，在确保质量安全的情况下，为有条件的奶牛养殖场进入乳品加工环节打开通道，拓展其外部选择权。同时，探索推动相关政策支持适度向奶农利益方面倾斜的举措。

加强高附加值产品开发与市场教育。一是开发高附加值乳制品，建议国内乳品企业在发展巴氏杀菌乳、常温奶、酸奶等液态奶产品的同时，逐步优化乳制品产品结构，适度发展奶酪、乳清粉、药食同源乳品、乳铁蛋白奶粉等产品，满足消费者日益丰富的饮食消费需求，同时缓解国内生鲜乳供需的季节性波动，促进企业稳定发展。二是开展消费者教育，建议国内乳企在开展产品和企业宣传时，在利用常规的媒体广告、代言人等方式宣传"乳制品好""增加乳制品消费"的同时，通过烹饪、美食类专题节目指导消费者如何用乳制品制作美食等，进一步丰富乳制品的食用方式和应用场景。

（二）美国奶业供应链发展经验及启示

1.发展经验

重视政策支持与顶层设计。 一是将供应链管理上升为国家战略。美国自20世纪80年代起便将供应链管理视为国家竞争力的核心。2012年，奥巴马政府发布《美国全球供应链国家安全战略》，明确提出通过优化全球供应链布局保障经济繁荣与国家安全。该战略强调通过技术创新、资源整合和国际合作，打造高效、灵活、安全的供应链体系。在奶业领域，政策重点包括支持牧场规模化、推动技术研发、优化物流网络等，如通过《美国农业法案》提供财政补贴和税收优惠，鼓励奶农采用环保技术和数字化管理工具。二是立法保障与标准化建设。美国建立了严格的乳制品质量安全法规体系，如《联邦食品、药品和化妆品法案》（FFDCA）和《乳制品质量安全计划》（Dairy Quality Assurance Program），通过从牧场到餐桌的全链条监管，确保产品质量。同时，美国农业部主导制定乳制品分级标准（如A级牛奶标准），通过强制性认证，提升行业准入门槛。

数字化技术推动供应链管理效率提升。 一是运用区块链技术提升供应链透明度。美国乳企率先试点区块链技术，解决食品溯源难题。如美国奶农公司与区块链公司合作，实现链上记录奶牛饲养、牛奶采集、加工运输等全流程数据，消费者可通过扫描产品二维码获取实时信息，增强消费者信任度。类似技术已被沃尔玛等零售巨头应用于乳制品供应链，要求供应商在2024年前完成区块链溯源系统部署。二是物流与仓储数字化升级。美国奶业依托先进的冷链物流体系，确保乳制品从牧场到超市的高效配送。沃尔玛通过实施配送中心优先策略，建立区域性冷链枢纽，利用全球定位系统（GPS）追踪和温控技术实时监控运输过程，减少损耗并提高响应速度。此外，基于物联网的库存管理系统可预测市场需求，优化库存周转率。

实施全球供应链韧性策略。 一是建立"三链"备份体系。美国奶业加快构建"在岸外包""近岸外包""友岸外包"三位一体的供应链保障体系，包括：在本土保留60%以上加工产能（如艾奥瓦州奶酪厂）的"在岸链"；在墨西哥蒙特雷建设区域配送中心，辐射拉美市场的"近岸链"；与加拿大、澳大利亚签订应急供应协议，应对极端气候断供风险的"友岸链"。二是推行出口导向型战略。美国乳制品出口量连续多年增长，主要市场包括墨西哥、加拿大、东南亚国家及中东地区等。美国政府通过"乳制品出口激励计划"（DEIP）提供出口补贴，并参与国际标准制定，消除贸易壁垒。2024年数据显示，美国乳制品出口额达82亿美元，创美国乳制品出口史上第二高纪录，较2023年增长了2.23亿美元。

与奶农建立稳固、可持续合作关系，完善利益联结机制。美国DFA公司覆盖全国30％的奶农，成员既是原料供应商也是企业股东，公司每年拿出一定比例的净利润向奶农分红。建立基金和保险机制，防范奶牛养殖市场风险；建立牧场集中采购机制，降低奶牛养殖成本；建立牧场建设融资机制，缓解奶牛养殖资金困难；建立牧场能源建设机制，高效利用牧场的再生能源；建立奶业关怀基金，调节国内奶业市场平衡。除此之外，还设立了价格波动基金，在市场低迷时补贴奶农，如在2020年发放1.5亿美元应急补贴，减少行业退出率。

2. 对中国的启示

深化政策协同与组织变革。一是重构监管体系，推进一体化管控。整合相关职能，制定《乳制品供应链管理规范》，明确各环节责任；制定《乳制品供应链安全法》，强制要求企业建立风险应急预案。二是赋能行业组织，激活中小企业活力。一方面建议成立"中小乳企联盟"，联合采购设备、共享冷链仓储，或者扶持区域性乳业协会，组织中小牧场联合采购设备、共享技术。另一方面建议以"政府主导+龙头企业牵头+新型经营主体（合作社/家庭农场）落地"的协同模式，每年培养一定数量的掌握数字化技能的牧场管理者。

优化供应链空间布局。一是重构"双核多节点"布局，在内蒙古、新疆、黑龙江等奶源带建设乳品深加工集群，重点生产奶酪、黄油、乳清粉等长保质期产品；在广东、浙江等南方消费区布局巴氏奶、低温酸奶等保质期较短产品生产基地，缩短供应链半径。同时，对南方新建乳品加工厂给予土地指标倾斜与设备购置补贴；限制乳企跨区域低价倾销常温奶，引导资源投向本地化短链产品。二是在长三角、珠三角城市群试点"都市乳业"，支持这些城市周边建设存栏300～500头的中型牧场，推广模块化微型加工设备（如移动奶酪生产线）；通过社区团购、会员制配送直达消费者，减少中间环节损耗。

加快构建智慧供应链网络。 中国奶业在数据互通和原奶供需匹配方面已取得较大改善，但部分中小牧场和企业可能由于资金、技术等原因，数字化程度较低，数据收集和共享能力有限，导致整体行业的数据互通尚未完全实现，在某些情况下仍然依靠经验判断。建议依托中国奶业大数据平台，设立国家级乳业大数据中心，由政府主导建立覆盖牧场奶牛存栏量、饲料价格、终端消费数据的监测系统，动态发布产能预警。

强化弹性供应链建设。 中国可探索实施饲草料安全工程，即在甘肃、宁夏建设百万亩优质苜蓿基地，配套节水灌溉设施，同时建立国家饲草储备库，按年消费量的一定比例进行战略储备。此外，尝试推动中小乳企组建产能共享联盟。

建立多方协作的奶业保险机制，提升奶农应对风险能力。 建议国内乳品企业、地方奶业协会可尝试推动建立国内奶业保险机制，联合金融保险机构开展奶牛养殖保险、生鲜乳价格保险，探索奶业从业人员的人身保险、奶业专业人才的培养基金，进一步规避奶业市场风险和生产风险，提升奶业专业人才技能。

二、荷兰奶业产业链供应链发展经验及启示

（一）荷兰奶业产业链发展经验及启示

1. 发展经验

政府主导的政策与制度支持。 一是加强政府引导与机制设计。荷兰政府基于地理与气候优势（地势低平、温湿气候适宜牧草种植），制定长期奶业发展战略。如通过围海造田扩大牧场面积，每年投入数十亿美元用于水利建设和草场改良，确保草场资源的高效利用。荷兰政府还通过欧盟框架下的价格调控机制，设定鲜奶和乳制品的基本定价，平衡市场波动对奶农的影响。如对饲料实行最低价供应，对奶油和脱脂奶粉收购价实施保护性政策，确保奶农收益稳定。二是重视科研与教育投入。荷兰政府每年拨款支持奶业技术研发、教育培训和市场推广。政府还设立职业培训学校，要求奶农接受高等教育或技能培训，确保奶农掌握现代养殖技术和管理能力。三是强化金融与风险保障。荷兰合作银行（Rabobank）为全国90%的奶农提供低息贷款，支持牧场设备升级和技术改造。此外，通过保险机制（如价格波动险）和期货市场（如乳制品期货合约）帮助奶农对冲市场风险，荷兰农业部门联合欧盟设立"乳制品市场干

预基金"，当黄油、脱脂奶粉价格低于生产成本时，按差价收购库存。

以家庭牧场为核心的适度规模化经营。一是家庭牧场的专业化与规模化。荷兰奶业以家庭牧场为基本生产单位，平均规模为30～70头奶牛，既符合草场承载能力，又能实现集约化管理。2000—2020年，荷兰奶牛场数量从29 466家减少至15 731家，但平均养殖规模从51头/场提升至101头/场，牛奶总产量始终在140亿～150亿千克，总体保持稳定。这种"减量增效"模式通过机械化挤奶、全混合日粮技术等，显著提升了生产效率。二是配备健全的社会化服务体系，涵盖了奶牛繁育、饲料营养、动物健康福利、牧场设备和畜舍环境等众多领域。例如，全球领先的乳品检测机构Qlip作为完全独立的第三方检测机构，凭借其高效、专业、可靠的分析手段，在产业链中发挥着极其重要的监督作用；世界著名奶牛育种公司荷兰CRV根据Qlip的数据，向奶农提供牛群健康报告和良种选用建议，帮助奶农提高牛群的质量和改进品种；莱力国际提供自动化挤奶设备和智能监控系统，降低人工成本，有力支持了荷兰奶业稳定的发展和进步。

"从牧场到餐桌"全产业链的质量保障。依托全产业链的发展模式，荷兰奶业建立了相关的可追溯机制和一系列的食品安全管理体系，有效保证了乳制品的质量和安全。其中荷兰皇家菲仕兰公司制定了"Foqus星球计划"等一系列乳品全产业链质量和安全控制标准及规范，保障食品安全与品质。该计划涉及许多详细而具体的规定，如饲料、兽药以及各种添加剂的认证使用，粪污的处理、循环利用，饲草用地的施肥数量和时间等。大多数企业体系均高于欧盟相关标准，通过严格要求，从食品安全、质量、员工安全及环境四大方面保障"从牧场到餐桌"全产业链的安全和质量。

产学研合作紧密。公司、政府和大学及科研机构各司其职，相互之间保持联系和合作，满足消费者对品质的需求，同时不断地加强乳品质量安全的控制。对于全球乳品行业来说，荷兰被誉为欧洲乳业研发的"大脑"。其中，荷兰瓦赫宁根大学周边的食物硅谷（Food Valley）聚集了大量食品研发机构和食品公司，并活跃着15 000多名乳业研究人员，形成产学研深度融合的创新生态。企业和研究人员沟通紧密，相关研发都是针对产业需求而设计，每一次新的科学技术的应用都对奶业进步产生直接影响。

国际化战略布局持续推进。一是全球化技术输出。荷兰乳企通过并购和海外研发中心吸收先进技术，同时输出管理模式。如皇家菲仕兰公司在中国推广"智慧牧场"项目，复制荷兰的数字化经验；中国牧场引进荷兰基因组选育公牛冻精，奶牛单产提升15%。二是品牌国际化。作为全球知名的乳制品生产国，荷兰培育了许多优秀的品牌，包括皇家菲仕兰、乐荷（Vecozuivel）、贝姆斯特（Beemster）等。这些品牌在全球具有较高知名度，其中皇家菲仕兰在38个国家设有分支机构，其产品通过销售办事处、合作伙伴和分销商遍及100多个国家。荷兰乳制品在国际奶业市场中占据重要地位，与新西兰、美国、白俄罗斯和德国一起跻身世界前五名最大的乳制品出口国之列。2023年荷兰乳制品出口额达103.4亿欧元，73%的产品出口欧盟。

2. 对中国的启示

创新全产业链精准支持的产业政策。首先，增强奶业补贴政策等相关法规的立法性和稳定性，让奶业发展有更坚实的法律基础和政策保障，减少政策变动带来的不确定性，使奶农和企业能更安心地投入生产和经营；进一步细化和完善奶业质量安全相关的法律法规和标准体系，确保与国际标准接轨，加强对违规行为的处罚力度，提高违法成本。其次，设立针对奶业产业链各环节的专项补贴，如对奶牛养殖环节的良种引进、牛舍建设、饲草料种植等给予补贴，对乳制品加工企业的技术改造、设备升级、新产品研发进行补贴，对奶农合作组织的运营和发展提供资金支持等，降低企业和奶农的成本，提高其积极性。最后，建立健全奶业产业预测和预警机制，加强对国内外奶业市场供求、价格、成本等信息的监测和分析，及时发布预警信息，帮助奶农和企业合理安排生产和经营，避免盲目跟风带来产能过剩或不足。

引导和扶持适当的奶牛规模饲养和专业化饲养。近年来，我国的奶牛饲养规模一直在往规模化的方向发展，已经出现超2万头的超大型牧场，而100头以下小规模的牧场无论是在养殖效益还是与乳品企业谈判的话语权方面都不容乐观。事实上，小规模牧场无论是在生产经营的灵活性方面，还是在疫病防控的有效性方面，都有其优势。对小规模牧场，可以鼓励其加入合作社，为其提供专业的营养配方、疫病防控、仓储物流饲料采购、融资租赁等方面的专业服务和支持，助力小规模牧场更好地生存和发展。

强化从资源整合到标准输出的产业链全球化布局。中国可在哈萨克斯坦、乌兹别克斯坦建设规模化牧场，向东南亚国家输出"智慧牧场"解决方案（设备+管理）；依托高校、科研院所等的研究积累，推动《益生菌乳制品》国际标准制定；联合日本、韩国、东盟国家等，建立区域性标准互认体系。

（二）荷兰奶业供应链发展经验及启示

1. 发展经验

顶层设计引导供应链网络高效配置。一是实施国家乳业集群战略。荷兰政府通过"乳业走廊"规划，将北部弗里斯兰省（奶源带）、中部乌得勒支（加工带）、鹿特丹港（出口枢纽）串联成链，形成200千米半径的"黄金三角"供应链网络。如弗里斯兰省牧场原奶平均运输至加工厂仅需1.5小时，鹿特丹港乳制品出口通关时间压缩至4小时（全球平均12小时）。二是政策工具保驾护航。土地用途管制方面，严格限制非农用地侵占牧场，确保奶源带土地连片开发；税收激励方面，对在奶源带周边投资建设加工厂的企业减免一定比例的企业所得税；供应链金融创新方面，荷兰合作银行推出"乳业链金融"产品，允许奶农以未来原奶销售收入为抵押获得低息贷款，年利率低于普通商业贷款。

基础设施支撑物流网络与冷链升级。一是"港口＋内陆枢纽"双轮驱动。荷兰形成了一个以鹿特丹港和阿姆斯特丹史基浦机场为重要支柱，以公路、水路和铁路为衔接，配合紧密的冷链物流运输网络。作为欧洲的门户与国际贸易的枢纽，鹿特丹港建设专用乳制品码头，配备 -25℃超低温冷库（容量50万吨）、全自动装卸系统，开展乳制品贸易。2022年出口乳制品480万吨，其中80%通过冷链集装箱直达亚洲市场，运输时效比传统海运缩短5天。内陆多式联运网络发达，连接奶源带与港口的铁路冷链专线"乳业快线"每日发车12班，运输成本比公路低30%；依托莱茵河支流构建"牛奶水道"，500吨级货船可直达加工厂码头。二是智能设备广泛应用。荷兰特拜格（Terberg）公司的无人驾驶电动冷链车续航可达500千米，应用于夜间自动补货至超市冷库；荷兰国家邮政服务提供商PostNL公司在弗里斯兰省试点无人机配送鲜奶，30分钟内覆盖半径50千米区域。三是冷链技术国际先进。荷兰乳业使用的全程温控系统连通从牧场挤奶到终端零售的各项环节，保证乳品全程处于2～6℃环境。在牧场端，挤奶后15分钟内将原奶降温至4℃，使用带GPS温控记录的奶罐车运输；在零售端，Albert Heijn超市采用智能冷柜，自动调节温度并预警异常波动。能耗优化明显，冷链设施全面应用液氮制冷技术，能耗较传统压缩机制冷降低40%。

供应链一体化的运营模式。联合利华食品和饮料部门的总部位于荷兰鹿特丹，其在乳业供应链一体化运营方面具有许多成功经验。在产品开发方面，乳制品加工公司一直积极地向消费市场推动产品多元化，从而获取更多的利润。但加工公司一直将生产多元化的利益把控在自己手中，未向奶源供应端推及，这意味着生鲜乳仍被视为一种商品，农民群体几乎没有任何收入增长。联合利华的做法是邀请奶农深度参与新产品的开发，并与奶农共同确立产品奶源质量标准要求。与奶农合作下的新产品可以从奶源上改进质量与风味，奶农可获得额外附加收益，企业则获得更具有市场竞争力的产品。在生鲜乳生产方面，联合利华充分利用自己的技术优势，对奶牛养殖农户进行培训，制定指导手册，帮助农户致力于生产具有高营养品质的牛奶以满足现有和未来的需求，同时尽可能地降低资源投入，提高收益。通过一系列一体化运营措施，联合利华与奶农融为一体，将整个供应链化为整体考虑，深度参与奶农的可持续发展策略，共同参与技术优化与管理升级，共享经济成果。

从减碳到增值的绿色供应链建设。一是低碳牧场建设。在牛棚顶部安装光伏板，利用太阳能收集器、太阳能电池板、太阳能锅炉和风力涡轮机，以及从粪便中产生沼气自行发电，实现能源自给。牧场与周边农田签订粪肥消纳协议，减少化肥使用量30%，同时降低粪污处理成本。实行碳汇交易，参与欧盟碳市场的牧场年均增收1.2万欧元（每吨CO_2当量售价80欧元）。二是可持续包装与逆向物流体系。荷兰已禁止使用塑料微珠，并积极推广使用生物基和生物降解塑料，同时鼓励使用回收塑料；通过要求包装行业更改押金标签并安装额外的押金机来改进塑料瓶回收系统；鼓励对牛奶瓶引入押金制度，并研究在增加押金金额的同时扩大收集点，以提高塑料瓶回收率，达到90%的回收率要求。皇家菲仕兰使用甘蔗渣提取物制作酸奶杯，碳足迹减少50%；推出"牛奶袋回收计划"，消费者退回包装可获0.2欧元返现，回收率达92%。PostNL建立全国性包装回收体系，废旧利乐包经分拣后运至阿姆斯特丹再生工厂，制成建材或新包装。

合作社模式为核心的奶农利益联结机制。荷兰奶农普遍加入合作社，形成"奶农所有、利益共享"的产业链协同机制。合作社统一收购原奶、加工乳制品并销售，奶农不仅能获得原料销售收入，还能参与加工环节的利润分配（占比约30%~40%）。生鲜乳定价机制方面，皇家菲仕兰支付给会员奶农的牛奶价格不是固定的价格，不同的奶农会收到不同的牛奶价格，这取决于牛奶的蛋白质、脂肪和乳糖含量，以及各种扣除附加费、会费和成员债券的发行情况。奶价主要包括牛奶保证价格、草地放牧牛奶溢价、补充溢价、业绩溢价（包括现金价格）、发行的成员债券。生鲜乳支付方式方面，为保障奶农收益，确保奶农获得合理且及时的收益，皇家菲仕兰主要采用中期付款、后续现金支付、会员债券三种方式对奶农进行支付。奶农管理方式方面，皇家菲仕兰通过监事会制度（监事会中奶农占据较多席位），为奶农提供管理机会参与公司决策；另外，皇家菲仕兰还实施有效奖励激励可持续生产、采用按质论价提高生鲜乳质量等管理方式。

2. 对中国的启示

推动高效冷链体系建设。一是实施"智慧冷链走廊"计划，在京津冀地区、成渝地区等区域建设多条跨省冷链干线，配备物联网温控设备。二是搭建分布式冷库网络，在县域布局中型冷库，缩短"最后一公里"配送距离。三是完善财政支持，中央财政设立冷链升级专项资金，对采购冷藏车的企业给予一定比例的补贴。

推动乳品企业与奶农一体化运营。乳品企业只有站在整个供应链的角度考虑问题，才能实现长期、稳定发展。在品牌方面，乳品与奶源联动宣传，互相成就。在生产方面，乳品企业深入参与奶农的生产计划，由乳品企业直接为奶农提供需求参考。另外，乳品企业应当利用自身技术以及资金优势，为奶农提供适当的培训与教育，使奶农更合理、更科学地从事奶牛养殖，提高产品质量与数量。要让产品市场端的多元化利润化成果充分延伸至奶源供应端，让奶农享受到发展成果。

打造"从环保负担到竞争优势"的绿色供应链。一是试点"零碳牧场"建设，在新建万头牧场中，配套沼气发电与光伏系统，提高牧场能源自给率。二是探索实施押金返还制度，消费者退回利乐包、玻璃瓶可获一定金额的返现。三是试点开展碳积分交易，将牧场沼气发电纳入全国碳市场，探索乳企购买积分抵消排放。

探索建立共享式的利益联结机制。对我国乳品企业来说，尤其是发展速度较快的中小型乳品企业，随着企业的不断扩张，建设自有牧场的需求也在增加，牧场与乳品企业之间相互协调对企业的发展至关重要。为了加强牧场与乳品企业之间的联结，可以借鉴皇家菲仕兰的管理经验。一方面，让奶农成为乳品企业的股东，选出奶农代表参与公司的经营决策和生鲜乳收购价格制定，让奶农更有参与感，增强奶农责任感。另一方面，兼顾奶农的短期和长期利益，可将90％的奶款收入支付给奶农，其余的10％等财政年度结束后，结合公司分红再进行分配。通过同时兼顾牧场和企业的发展，为两者的扩大再生产提供资金支持。

三、法国奶业产业链供应链发展经验及启示

（一）法国奶业产业链发展经验及启示

1.发展经验

覆盖全国、多层次、多功能的产业组织体系。法国奶业中，奶农和乳品企业形成了代表各方利益和产业整体利益的完整组织体系。第一，代表奶农利益的奶农联盟（FNPL），联盟成员有近7万家牧场，是法国最大的奶农销售联盟。第二，代表所有奶业合作社的法国奶农合作社联盟（FNCL），联盟成员有260多家奶农合作社，合作社收奶量超过法国牛奶总产量的一半。第三，代表乳品企业利益的法国私有乳品加工企业联盟（FNIL），联盟成员有近百家公司和几乎法国所有私营乳品企业。第四，代表整个奶业行业利益的法国奶业产业组织（CNIEL），成员包括以上三个联盟，其职能包括两个方面：协调奶农与乳品企业的关系，包括制定产业相关政策和规划、推动立法、收集产业信息等；提升法国奶业的整体形象与品牌价值，包括发起广告宣传、培养消费者消费习惯、资助行业公共性的研究项目等。目前，CNIEL已处于协调法国整个奶业组织体系的中心地位。

较为完善的产业支持政策。一是实施乳制品原产地命名（AOC）制度。原产地命名标志是政府颁发的保证产地的官方标志。由法国农业部监督管理的国家原产地名称局（INAO）负责确认、制定生产条件，批准AOC产品并且保护它们。AOC受到严格的控制。一方面，生产必须遵循特定的条件，产品生产于严格划定的地理区域，使用的技术和手段都和产地紧密相关；另一方面，它们具有独特的品质，尤其是具有特殊感官特征的品质。二是重视有机奶制品生产。为有机奶制品颁发特别的官方品质标志，要求生产者遵循一套严格的技术要求。有机奶制品的生产标准保证在整个生产程序中尊重环境、动物福利以

及自然系统。三是奶业生产重视环境保护。设立农业污染控制计划，通过对养殖企业生产废物的处理和储存来保护水质。在法国畜牧学院专家特别培训的官员的帮助和指导下，奶农采取了很多其他保护环境的行动，如栽培灌木树篱等。四是支持农业年轻一代安家落户。法国通过国家财政支持，利用欧盟财政渠道，以及优惠贷款和减免税等多种途径或措施，向从事农业的安家落户者提供财政支持。年轻的农业经营者获得安置费，需要满足国籍、年龄、相关学历等要求。

专注高附加值乳制品生产。法国知名乳企保健然（Savencia）专注于在欧洲和全球生产高品质、高附加值的特色奶酪，是全球少数能够生产所有不同系列奶酪的乳品加工商之一。其基于不同国家人群对奶酪的口味和消费需求不同，生产适合的产品，尽可能贴近市场。另外一家全球知名企业达能（Danone）的特殊营养品业务占比一直呈持续上升趋势，从2010年的25.9%上升至2020年的30.5%，主要是由于特殊营养品的毛利率在20%以上，而基础乳制品和植物基产品的毛利率约在10%，公司向毛利率更高的特殊营养品倾斜以提高盈利水平。

高度重视国际化并购与品牌矩阵构建。一是通过收购实现全球化扩张。法国乳企通过大规模并购快速进入新市场并完善产品线。以兰特黎斯（Lactalis）为例，其在20余年间完成超124次并购，包括意大利Galbani（马苏里拉奶酪市场）、美国Stonyfield（有机酸奶）、加拿大Saputo等，形成覆盖奶酪、液态奶、婴幼儿奶粉的全品类品牌矩阵。2020年收购卡夫亨氏天然奶酪业务后，其在北美市场份额翻倍。并购使兰特黎斯成为全球唯一营收超300亿美元的乳企，覆盖150个国家，产品种类超400种。二是以区域、企业和文化品牌为背书。法国乳企以投资国的区域品牌和具有全球竞争力的企业品牌为背书，根据市场需求，不断创新产品品牌，扩大国内外市场份额。如2014年兰特黎斯以印度东南部的Tirumala区域品牌为背书，以母子品牌模式，销售兰特黎斯品牌乳产品，扩大印度东南部市场；以全球冰岛式酸奶领导品牌siggi's为背书，进一步开拓了在美国的酸奶市场；凭借西莉亚玛雅公司儿童营养品的市场竞争优势，在儿童牛奶产品中开发了Picot品牌。法国乳企还将奶酪、黄油等产品与法式生活方式绑定，强化品牌的文化属性。如兰特黎斯通过总统（Président）品牌塑造"法式高端奶酪"形象，成功打入美国高端餐饮市场。

2. 对中国的启示

建立合作社组织联盟。目前，我国奶农与乳品加工企业之间多为"公司+合作社+奶农"的组织模式，但合作社对奶农的带动作用和服务能力以及与乳品企业的谈判协调能力较弱，合作社及奶农在原料奶定价话语权方面处于较被动状态。为提高合作社服务能力，提升组织化水平，应借鉴法国的经验做法，建立代表合作社和奶农利益的合作社组织联盟，其职能主要是：协调奶农与合作社之间的关系，包括制定合作社对奶农的服务范围、利益分配原则等；代表合作社和奶农，与乳品加工企业进行谈判，谈判内容包括奶牛养殖标准、原料奶质量指标标准和收购价格等。

拓展高端化产品生产。一是鼓励发展有机产品。在欧美发达国家，有机食品销售额约占食品市场销售总额的10%以上，部分国家甚至高达25%。在国内，有机奶产业发展比较缓慢，只有少数几家公司涉及这部分业务。有机奶产业是未来奶业转型升级的重要方向，建议有条件的乳品企业可以关注有机奶市场，与牧场达成一致，生产差异化产品，提升养殖和加工效益。二是向高附加值乳制品发力。目前国内的乳制品消费仍以液态奶为主，奶酪、黄油等高附加值的乳制品消费量还很低，且品种单一，以再制奶酪为主，鲜见天然奶酪。乳品企业应该加大对奶酪、黄油等高附加值乳制品的创新研发力度，生产出更加符合中国人口味的高附加值乳制品，丰富国内乳品市场产品种类。三是发展特殊营养品。当前，中国婴幼儿辅食产品及特殊医学营养食品仍以外资品牌为主，特殊医学用途配方食品在国内市场90%以上的份额被几家跨国公司垄断。国内乳品企业应加强特殊医学用途配方食品的基础研发，积极同相关科研机构、医务工作者、患者协会、消费者团体合作，开发出满足市场需求的特殊医学用途配方食品。

以工匠精神重塑品牌。中国乳品企业须以工匠精神重塑品牌，持续推进品牌战略，提升品牌核心竞争力。第一，明确品牌定位，强化品牌核心价值，构建品牌价值体系。围绕品牌核心价值，创新乳品品类，走差异化发展道路，避免国内乳品企业间的恶性竞争。第二，以区域品牌、企业品牌为背书，创新产品品牌。根据进入市场的时间长短、产品层次结构、产品种类丰富程度、产品市场占有率等因素的不同，选择适合的品牌结构，协调品牌与产品，以及区域品牌、企业品牌、产品品牌之间的关系，提升品牌价值。第三，多媒体融合，拓展品牌宣传途径。在全媒体时代，品牌建设须与互联网相结合，与年轻消费群体"同频共振"，打造多元化的品牌推广平台；通过可持续的公关活动，营造良好的品牌舆论环境。

注重对年轻牧场主的培养。众所周知，行业接班人的培养非常重要，对于奶牛养殖更是如此。目前国内很多奶牛场负责人已步入老年，普遍面临接班问题，乳品企业帮助牧场培养"下一代"符合双方的意愿，对于企业的未来发展具有重要意义。

（二）法国奶业供应链发展经验及启示

1.发展经验

牧场与乳企合作模式平衡了奶农和乳企之间的利益。从全球奶业20强中有4家法国乳企来看，兰特黎斯与奶农合作模式主要有两种，分别为"公司＋合作社＋农户"和"公司＋农户"。第一种模式为50％的奶农与合作社签订协议，合作社从奶农处收购生鲜乳并销售给兰特黎斯，合作社每年代表奶农与兰特黎斯商谈生鲜乳销售价格，保证奶农的合理利润。第二种模式为50％的奶农直接与乳企签订协议，这种模式有效地保证了奶源品质和稳定性。达能为避免受到全球乳品市场波动的影响，利用分布于全球的各子公司与当地合作社或牧场合作，在当地收购生鲜乳。索地雅是法国最大的乳业合作社，牧场主为索地雅提供生鲜乳，而索地雅作为合作社向加盟牧场主提供协助和服务，具体包括提供冷链设备、生鲜乳运输、质量检测及为牧场提供饲料等耗材、培训服务。保健然75％的生鲜乳由法国国内牧场供应，其与奶农合作社签订收奶合同，不接受单个牧场的生鲜乳。

多手段稳定生鲜乳收购价格。法国生鲜乳定价机制具有以下特点：一是生鲜乳定价机制基于乳企和奶农双方协商；二是基于生鲜乳生产成本，认真考虑奶农利润，确保奶农有稳定收益；三是承诺收购价高于市场平均价，或者高于当地中小企业的收购价；四是合同期限较长，一般为3～5年，乳企与奶农利益关系比较稳定；五是协商确定年度收购基础价及优质优价规则，每月根据市场情况通过协商调整确定具体价格。如兰特黎斯根据市场行情，乳企、奶农双方协商年度合同价格，每月调整一次，兰特黎斯承诺设定价格一般高于合作社（有加工能力的合作社）的收购价格；达能奶价的制定基于奶农的生产成本，并考虑一定的利润，相对平稳；索地雅生鲜乳收购价格保证维持在法国生鲜乳平均价格之上；保健然则利用固定公式计算出"透明的牛奶价格"。

创新合同与结款形式以保证稳定合作。一是创新合同形式。法国乳企各运营子公司通常会与当地合作社签订购销合同，价格根据当地市场行情确定，合同期限因国家而异。从2012年开始，达能先后与美国、欧洲和俄罗斯的合作奶农签订成本效益模型（cost performance mode1，CPM）合同。CPM合同中奶价的制定基于奶农的生产成本，而不是终端乳制品的价格，并考虑一定的利润，确保奶价不会有大幅度的波动。通过此合同，既可以减少牛奶价格的波动性，保障奶农收入的稳定性，又有助于与奶农建立长期合作伙伴关系，保障公司牛奶长期可持续供应。签署的合同周期一般为3～5年，获得稳定收益的奶农更愿意为牧场发展进行再投资。二是创新奶款结算方式。法国乳企与牧场对奶款采取月结方式，保证牧场正常资金流动。兰特黎斯每月都会将奶款直接打入奶农账户，保障牧场及时购买生产资料和应对未知风险，保证牧场正常运行。对于有贷款的牧场，及时结算奶款意义更大，减轻了牧场由于逾期付款而带来的经济压力。

生态农业促进可持续发展。 1997年，法国农业部颁布了全国生态农业发展计划，强调开发农业时保护环境。2018年获得有机认证的奶牛养殖场为2 863家，养殖奶牛14.6万头，占法国奶牛存栏的4.1%，交售有机牛奶88.45万吨；处于向有机奶场的转化期中的奶牛场189家；有机奶生产涉及的土地面积203.5万公顷，占欧盟有机农业用地的15%。生态农业禁止使用任何合成化肥和杀虫剂，农田使用绿肥和有机堆肥，以保证土壤的持久肥沃。要求农民以科学的方式进行轮作，利用手工及机械等物理方式除草。法国农民越来越关注两个问题：一是保障各类产品的产地、质量和从生产到上市的食品安全，二是注意土地管理和在可持续发展的框架范围内保护环境。法国乳企也始终在践行可持续发展战略。如兰特黎斯采取制定章程保证产品可追溯性、安排技术人员协助奶农生产等手段，保障食品安全可追溯；采取优化饲料成分、减少化肥采购量、农产品包装物回收再利用等多种方式，减少碳排放，面向牧场设定标准，实现奶牛养殖环节环保节能。

2. 对中国的启示

构建多元化的利益联结机制。 一是推广"合作社中介"模式。鼓励成立区域性奶农合作社，代表奶农与乳企谈判定价（如兰特黎斯模式），避免乳企单方面压价。可试点"政府引导+乳企注资"的合作社联盟，平衡奶农与企业的利益分配。此外，合作社可将乳企部分利润按供奶量返还奶农，提升奶农积极性。二是探索直接签约模式。对存栏量超千头的大型牧场，推动其与乳企直接签订长期协议，明确质量标准与价格浮动区间，降低违约风险。三是强化合作社服务功能。合作社提供冷链运输、质量检测设备，政府可提供设备购置补贴，降低合作社运营成本。此外，定期组织牧场管理、疫病防控等培训，整合饲料、兽药等采购需求，通过集中采购降低投入成本。

建立并完善生鲜乳价格协商机制。当前，我国奶业发展进入关键战略机遇期，但是行之有效的生鲜乳价格协商机制还有所欠缺，从中央到地方的奶业协会会员单位包括乳企和牧场，乳企话语权远大于牧场。生鲜乳收购合同虽然有全国统一文本，但实际操作中主要内容由乳企决定，合同不体现具体价格，价格基本由乳企单方面自主决定，价格调整时乳企以书面通知形式直接告知牧场，缺乏协商环节。从法国定价模式来看，成本定价法或A/B价格系统比较适合我国现状。在生鲜乳主产区以成本为基础，在保证奶农一定的利润空间的前提下确定生鲜乳价格，或采用索地雅的A/B价格模式，与牧场确定不同价格的收奶比例，引导奶农合理调整牧场规模，获得稳定的收益。

推广践行全产业链以减少碳足迹。现代化牧场建设应严格秉持绿色发展理念，在为牧场的生产发展提供安全、健康、适用、高效使用空间的同时，注重节约资源、保护环境，使牧场成为环境友好型、资源节约型和生态观光型的绿色牧场。建议采用源头减量、过程控制、末端利用相结合的治理路径，建立绿色发展机制，优化区域布局，推进清洁生产，促进种养结合，形成场区"小循环"、区域"中循环"、区域间"大循环"的发展模式。乳品企业应践行企业责任，制定碳减排5年目标，从种植、养殖、加工、包装和销售等环节明确具体的碳减排措施。

四、澳大利亚奶业产业链供应链发展经验及启示

（一）澳大利亚奶业产业链发展经验及启示

1. 发展经验

奶牛养殖业规模化发展。澳大利亚通过减少牧场数量、扩大单体规模等方式实现效率提升。2019—2020年澳大利亚奶牛场总数达5 055家，奶牛场数量较40年前减少了近3/4，但牛场饲养的奶牛平均群体数量却有了很大的提高，奶牛场平均规模从1979—1980年的85头增加到2019—2020年的279头。存栏量超过500头的大型牧场仅占澳大利亚牧场总数的13%，但其牛奶产量却

达到了澳大利亚总产量的35%。奶牛场通过改良牧场、饲料和牛群管理技术来提高生产效率，逐渐向规模更大、集约化程度更高的方向发展。

乳品加工研发技术先进。从初级加工产品（如黄油和脱脂奶等）向高附加值产品（如乳蛋白等）的转化是澳大利亚乳制品加工技术的标志性变化。20世纪60年代，澳大利亚在世界干酪生产中的重要贡献是在成型塔中利用一种简单有效的重力进料系统使凝块达到干酪产品要求的质构，这奠定了其在世界干酪生产中的地位。目前，澳大利亚鲜奶加工广泛使用微滤技术来生产延长货架期（extend shelf life，ESL）的牛奶，该技术在降低牛奶中有害微生物含量的同时保护了牛奶口味，使保质期可以延长到23天左右。通过不断完善乳制品加工研发体系，提高了产品创新能力与水平，促进了澳大利亚乳制品加工行业的健康稳定发展。

乳业社会化服务组织健全。澳大利亚设立专门服务乳业发展的社会化服务组织，此类乳业服务组织成立时间较早，组织机构职能日益完善，为乳业产业链发展提供内容全面、及时有效的信息与服务。以澳大利亚乳业理事会（Australian Dairy Industry Council，ADIC）为例，ADIC由澳大利亚13家大型乳企资助成立，是澳大利亚乳业的最高国家代表机构，统一管理澳大利亚奶农联盟（Australian Dairy Farmers，ADF）、澳大利亚乳制品联盟（Australian Dairy Products Federation，ADPF）和澳大利亚乳业局（Dairy Australia），与国家和各州级的乳业代表机构密切合作，为奶牛养殖主体、乳制品加工主体提供专业化服务，共同服务于乳业全产业链发展，致力于促进乳业从业主体增加收益，推动澳大利亚乳业持续发展。

高度重视农业科研和教育。为了进一步提高农牧业的生产水平，澳大利亚政府非常重视发展农业教育和农业科研事业。除了在综合性大学普遍设立农学院外，还建立了多所独立的农业院校和农业科研机构，为农业院校和农业科研机构购置最新的仪器和设备，聘请世界著名学者、专家前去担任教学、科研工作。在农业人才的培养方面，注重联系生产实际，不论是在专业设置还是在课程的安排上，都与本国的生产实践结合比较紧密，尤其是重视基础教学和学生基本技能的培养，注重培养农牧业的综合性人才，充分体现了大农业的经营思想。由于农牧民的科技文化素质高，一项先进的科学技术很快能得到推广普及。澳大利亚明确规定，凡是从事农牧场经营者，必须具有大学本科以上学历，或出身于农牧世家并在大学再读1~2年基础课。这些经营者与学校有着密切联系，当他们在生产上出现问题时能够及时得到母校帮助，从而解决问题。如果是带有区域性的问题，就通过有关专业组织集中反映到教学或科研单位，科研单位设有固定分片负责指导和及时发现解决生产中问题的专门基层单位，帮助解决生产中的实际问题。对于个别问题，农牧场主自己出资，请学校或研究所单列项目研究解决。对于地区性的问题，或学会出资或地方政府出资，立项研究解决。这些项目的研究体现了"短平快"的特点，科研成果能够很快地反馈到生产实践中，便于快速推广。

发展出口型奶业。澳大利亚乳制品国际竞争力强，是全球重要的乳制品出口国。虽然澳大利亚生鲜乳产量仅占全球总量的1.2%，排在世界第12位，但生产的乳制品中32%用于出口，行销到全球100多个国家，其乳制品出口份额占全球的5%，在世界乳制品贸易中排名第4，仅次于新西兰、欧盟和美国。澳大利亚乳制品主要出口国家包括中国、日本、印度尼西亚、马来西亚和新加坡等，对中国出口量位居第一。2019—2020年，澳大利亚乳业行业所生产的牛奶中29%用于出口，而中国是澳大利亚牛奶最大的出口市场，占出口量的32%。除了乳制品贸易外，澳大利亚奶牛和种牛出口量也较大，出口品种以荷斯坦牛和娟姗牛为主，普遍具有较为出色的适应能力、生产性能和遗传潜力，性价比较高。

2.对中国的启示

促进奶牛养殖的规模化。各级政府主管部门应积极引导、大力扶持，推动奶牛养殖的规模化发展。出台优惠政策，鼓励乳品企业投资建设牧场，扶持中小养殖户集中养殖或建立规模化牛场，并给予资金支持。政府应鼓励农民加入乳业合作社，建立起完善的配套服务体系，给予资金、技术和政策方面的支持，同时做好监督管理工作，规范乳业合作社的运营。合作社模式可将分散养殖的农民通过合作经营的方式连成一个整体，建立从养殖、加工到销售一体化经营的产业链，实现收益共享、风险共担，有利于增强奶农在市场交易中的地位，提高奶农抵御市场风险的能力。同时，通过合作社的形式，可以将资源有效整合，形成规模经济，获取规模效益。

推进奶牛养殖种养结合发展模式。澳大利亚将养殖与种植紧密结合，有效解决了奶牛养殖带来的环境问题，降低了养殖成本，保障了养殖收益，实现了可持续发展。对此，可借鉴澳大利亚种养结合的成熟经验，因地制宜推广养殖、种植结合发展的循环农业生产模式。一是牧区，可采取与澳大利亚相似的半放牧、半舍饲的奶牛养殖方式，不单纯追求高投入和高产奶量，寻求投入与产出相适应的最佳盈利点，降低养殖成本，实现养殖收益最大化。二是农区和农牧交错带，可按照每头奶牛配备 3~5 亩土地的标准，合理设定养殖规模，大力发展青贮玉米和苜蓿等饲草料种植，同时将养殖产生的粪便就地就近还田，既解决奶牛吃的饲料问题，又解决奶牛排的粪便问题。

支持奶农发展乳制品加工。我国奶业发展的实践表明，奶农只卖原料奶，难以分享加工流通环节的增值收益。应借鉴澳大利亚奶农（合作社）发展乳制品加工的经验，大力支持养殖环节发展乳制品加工，推动产加销一体化，破解"养牛不赚钱、加工赚钱多"的难题。一是完善乳制品工业产业政策，放宽加工布局半径和日处理能力等准入门槛，打破加工企业垄断的格局。二是合理安排乳制品质量安全检测投入，参照"三小"食品生产经营管理或餐饮食品管理的办法，不再强制要求奶农建实验室、装备相关检测仪器等，允许其委托有资质的第三方质量检测机构代检，保障产品质量安全。三是选准加工销售的产品，综合考虑生产成本、销售半径和渠道等因素，生产加工适销对路的巴氏杀菌乳、酸奶和奶酪等特色乳制品，与大型乳制品企业形成差异化竞争。

重视乳制品加工技术与研发。当前，国家在乳制品产业技术研发上的投入和关注不断增加，例如，国家奶牛产业技术体系下设的乳品加工研究室、农业农村部奶及奶制品质量监督检验测试中心、部分高校和企业或单独或合作组建的乳品加工（重点）实验室等，都在乳品加工及检测技术研发与推广方面发挥着举足轻重的作用。在成果技术转化和互利共赢方面，高校和企业需要进一步加深面向市场需求的研发和深层次合作，推进共同可持续发展。

健全奶业社会化服务体系。澳大利亚奶业社会化服务体系健全，奶牛育种、防疫、废弃物处理利用、乳制品质量安全检测和行业发展咨询等方面都有专业的服务组织。近年来我国奶业现代化进程很快，但为奶业生产服务的专业化组织发展相对滞后，这也反映出奶业发展的成熟度还不够。一是需要政府、行业协会、科研单位和企业共同重视和努力，大力推进奶业社会化服务体系建设，夯实我国奶业发展的技术支撑。二是着力创新服务载体，充分发挥各级畜牧兽医技术推广机构、国家奶牛产业技术体系和企业的专长，做好组织服务、技术指导、销售服务等工作。三是着力加强技术集成示范应用，推动组装配套的技术标准化、轻简化、模块化，形成易学、易懂、易操作的通用养殖技术模式。四是着力加强生鲜乳质量检测体系建设，政府通过资质评审、能力验证、绩效考核等方式对承担服务任务的机构进行评价，提高质量检测机构特别是第三方检测机构的地位和权威。

（二）澳大利亚奶业供应链发展经验及启示

1.发展经验

构建质量安全监管体系。 澳大利亚乳业政策中明确的分工和监管促使其形成了"从牧场到餐桌"的乳制品安全和产品质量体系。一方面，各州乳品管理局和环保部门在职责内容上有明确的分工；另一方面，两者的监管对象有重叠。乳品管理局不仅负责对牧场、工厂和仓库的管理和审查，还负责原奶质量检测；环保部门则对这些场所的水、空气和废物处理标准进行核查和监督。澳大利亚—新西兰食品标准规定，所有的奶牛场、乳制品生产企业和加工企业都必须建立健全食品安全计划文档。此外，奶牛场必须根据HACCP实施质量保证计划，该计划涵盖的领域包括食品安全、动物保护、化学污染和环境责任等。

"家庭经营牧场＋第三方运营商冷链物流"模式。 澳大利亚乳制品企业对生鲜乳进行收购之前，企业会派出人员专门对生鲜乳样品进行测试，乳制品企业根据测试结果确定是否接收牧场的生鲜乳。负责生鲜乳运输的运营商必须有一个被澳大利亚国家乳业局批准的食品安全项目记录，记录的核心要素包括用来收集、运输生鲜乳和乳制品的设备、车辆、容器和人员，以及产品可追溯性和温度方面的控制。在乳制品需求旺盛的季节，运营商会每天定时使用恒温奶罐车（0~4℃）收集生鲜乳。当生产下降时，运营商收集生鲜乳的频率会减少到澳大利亚国家乳业局批准的收集频率。当生鲜乳被运输到乳制品企业时，对生鲜乳再次抽样，进行二次检测，生鲜乳在现代化和自动化的生产车间进行生产，产品均标注牛场和乳制品企业的详细信息，确保从牧场到企业的信息可追溯。所有乳制品企业需要通过澳大利亚国家乳业局、农业部的许可并制订严格的食品安全计划，建立从牧场到客户的整个供应链全程跟踪系统。所有的乳制品企业都建立了基于产品召回协议的产品召回系统，实现对乳制品全产业链的跟踪，保证了乳制品的质量安全。目前，澳大利亚53%左右的乳制品通过超市进行销售，其销售份额保持基本稳定。在乳制品出口方面，采取全程0~4℃低温控制的海运空运冷链运输方式，确保乳制品品质安全得到保障。

"奶业＋大数据"支撑全球质量安全追溯。 作为一个畜牧业大国，澳大利亚建立了国家牲畜标识计划（NLIS），即畜产品质量安全追溯系统，采用由NLIS认证的瘤胃标识球或耳标对牛、羊进行身份标识，由国家中央数据库对记录的信息进行统一管理，可以对动物个体从出生到屠宰的全过程实现追踪。澳大利亚奶牛从出生到死亡都会戴上NLIS耳卡。每次挤奶后，会对每只奶牛耳卡上的电脑芯片做一次扫描，可得出当日的产奶量，通过产奶量的变化，调整翌日的饲料以及了解奶牛的身体状况。澳大利亚部分企业已经逐步加入全球质量溯源体系，在自主知识产权技术的支持下，每个加入体系的商品都会被赋予一个类似身份证的特殊二维码"真知码"，并可多次写入数据。消费者只要通过相关手机应用扫描二维码，就可了解商品"从哪来、到哪去"，企业也可精准掌握货物去向，从而构成一套覆盖生产、物流、仓储、消费各环节的全链条监管体系。

建立奶业利益分配机制。 目前，澳大利亚生鲜乳计价的核心是优质优价。奶农的收入由牛奶市场基础价和优质乳奖励两部分组成。在乳制品加工方面，既有牧场参股的生产加工，也有通过合同收购原料奶的乳品企业独立加工，但是以前者为主。在牧场参股的加工企业中，奶农是股东，该加工企业由合作社直接创办，因此合作社有义务收购会员牧场的牛奶，会员牧场也必须将全部牛奶交给合作社，这样有助于乳业上下游同心协力、合作共赢。奶农、乳制品加工企业、合作社、社会化服务组织，再加上一些专业协会就构成了澳大利亚完整的有机联系的产业组织结构。其上下游分工明确，目标清晰，利益分配合理，从而具有强大的整体协调性和竞争力。以2018年澳大利亚破历史纪录的长期干旱为例，昆州乳业组织（Queensland Dairy Organization，QDO）呼吁加工商和超市提高奶价，并请求消费者支持来回馈奶农，减少损失、共渡难关。

注重生态环境保护和治理。 澳大利亚把草地建设和保护视为畜牧业生存和发展的脊梁，注重加强草场的改良和建设，合理载畜，防止荒漠化。对国有贫瘠的草场，澳大利亚政府以较低费用长期（一般为99年）租赁给牧业生产者，避免了经营者掠夺式利用草场。通过科学围栏放牧和粮草轮作、禾本科和豆科牧草混播、建立永久草地和一年生草场，提高了草地生产能力和畜牧业生产的经济效益。具体采取措施如下：第一，实行区域性专业生产。年均降水量380毫米以下地区为畜牧区，以绵羊为主，也养一部分牛，主要利用天然草场实行低密度放养家畜，约3.3公顷地养1只羊。年均降水量380~500毫米地区为农牧区，小麦种植和养羊（牛）两业并行，家畜放牧的密度较高，大约0.33公顷地养1只羊。年均降水量超过500毫米的地区，建设人工草场，种植高产作物，养畜以奶牛、肉牛、肉羊和猪、禽为主，种植业则有小麦、甘蔗、水稻、棉花、水果、蔬菜等，该地区实行高密度放牧，每亩可养羊1只左右。第二，注意保护天然草场。根据国家专设的研究机构应用遥感监测和实地调查取得的数据，对不同地区分别确定应控制的人口密度和牲畜头数，一旦发现有超载过牧或草场退化现象，立即采取补救措施；进行科学轮牧，天然草场也用围栏划分轮牧区，但一个围栏往往上千公顷，面积较大，有些农场还采用轮牧和休牧相结合的方法，稳定草场的生产能力；施肥，澳大利亚的土壤普遍缺乏磷肥，澳大利亚用飞机撒施过磷酸钙和磷钾复合肥，在缺乏微量元素的地区，还要加施硼、硫、铜、锌等，以保证家畜营养的需要；对耐贫瘠、竞争性强的耐牧性豆科草进行补播，以提高产草量。第三，因地制宜进行水利建设。澳大利亚不少地区利用自然地势，在较高处修建蓄水池，同时向四周围栏内埋设塑料输水管，在部分围栏内设有自动控制饮水槽，供牲畜饮水用。第四，建立有效的草场建设机制。澳大利亚对不同地区的草场实行不同的所有制形式和投资办法。凡是自然条件比较好的地方，草场均为农牧场主私人所有，投资建设草场由私人负责，草场可自由转卖。干旱、半干旱地区的荒漠草场多为国家所有，农牧场主通过合同租用，或者由国家土地开发公司建成可利用的草场后，再卖给农场主。

2.对中国的启示

强化乳制品质量安全监管。澳大利亚高度重视乳制品质量安全监管，建立了完善的法律法规体系、独立的第三方检测体系、成熟的产品追溯召回制度及乳制品企业严格的HACCP管理等制度体系。我国乳制品质量安全监管体系是在2008年之后逐步建立起来的，起步较晚，一些制度还不完善。应借鉴澳大利亚乳制品质量安全监管经验：一是进一步完善乳制品法规标准，加快修订乳制品质量安全监督管理条例，提高生乳等乳制品质量安全标准，完善乳制品监测指标、检测标准和方法，用健全的制度规范奶牛养殖、乳制品加工、运输销售等行为。二是指导奶牛养殖者和加工企业按标依规生产，加大奶牛布病、结核病净化补贴力度，规范饲料、兽药等投入品使用，严格执行休药期等规定，规范乳制品加工流程，把严乳制品质量安全的每一道关口。三是加强质量安全监督管理，压实乳制品生产者的质量安全主体责任，依法打击各类违法违规行为，建立企业"黑名单"制度和市场退出机制，加大处罚力度，增加质量安全违法和失信成本。

加强信息化建设，实现全程可追溯。中国奶业可以加强信息化建设，利用物联网、大数据等技术手段，实现奶牛养殖、乳制品加工、运输、销售等环节的全程可追溯。另外，加强政府与企业的合作，共同推动乳制品质量安全追溯体系的建设。在推动追溯体系建设时，也应该注重技术水平的提升，通过采用先进的技术手段，确保追溯信息的准确性和可靠性。还需要加强对追溯信息的监管和审核，防止虚假信息的出现。并积极参与国际合作，与其他国家共同推动乳制品质量安全追溯体系的建设和完善。

构建产业链利益分配机制。澳大利亚乳企通过合作社模式，让奶农成为加工企业的股东，形成"奶农参股加工企业→加工企业按合同收购原料奶→奶农分享加工利润"的闭环。澳大利亚生鲜乳计价以"市场基础价+优质乳奖励"为核心，乳脂率、蛋白质含量等指标直接影响奶价。例如，蛋白质含量每提高0.1%，奶价上浮1%~2%。我国应该重点加强奶农组织建设，通过奶农合作社等的建设，探索以奶农组织为中介的谈判机制，提升奶农市场议价能力，完善产业链分配机制。

五、新西兰奶业产业链供应链发展经验及启示

（一）新西兰奶业产业链发展经验及启示

1. 发展经验

长期保持奶牛养殖的低成本。新西兰种养一体化的放牧养殖方式、混群饲养、杂交牛生产普及化和高效的家庭牧场经营模式降低了奶业生产成本，其产品在世界上具有很强的竞争力。由于新西兰具备完善的修蹄、去角、配种等社会化服务体系，对动物福利立法并鼓励更高的奶牛福利，同时执行严苛的生物安全管控，奶牛平均使用年限可达5~6胎次，甚至最高达到8胎次，进一步降低了奶牛生产成本。

以草畜平衡为核心的生态化养殖模式。新西兰奶牛养殖以天然牧场放牧为主，补饲为辅，实行划区轮牧。如南岛奶业发展中心奶牛存栏840头，其中泌乳牛560头，配套有人工草场100公顷，整个草场用电网围栏分隔为27块。

草场主要种植黑麦草和三叶草，并搭配少量的车前草以预防奶牛疾病。草场轮牧间隔期为21天，既最大限度地利用草地资源，又避免了过度放牧造成草场退化。每年7月到翌年5月初是新西兰的产奶季节，主要是为了让奶牛产奶与牧草生长的季节性相吻合。奶牛在秋冬季节配种，平均妊娠280天左右，集中在次年的春夏季80天内产犊，大约10月份达到产奶高峰季，此时恰逢牧草成熟阶段，放牧可保证采食到鲜嫩和营养充足的牧草。

高度重视产业技术创新及应用。一是奶牛生产性能测定技术创新。新西兰很早就开展了奶牛生产性能测定（DHI测定），目前新西兰72%以上的泌乳母牛参加DHI测定，这对保证新西兰牛奶品质和提高奶牛生产水平起到了十分重要的作用。二是种公牛后裔测定技术创新。在目前AI配种繁殖奶牛体系下，种公牛对奶牛群体遗传进展的影响十分明显，新西兰建立了科学的种公牛育种值估计方法（育种利润指数和遗传评估系统生产利润指数），根据不同性状的重要性设定其育种值，目前新西兰奶牛的种公牛都是后裔测定的公牛。三是杂交改良技术创新。培育适应本国气候和饲料、水等资源条件的奶牛品种，是提高奶牛养殖效益和乳品质量的有效途径。新西兰奶业发展早期，荷斯坦奶牛占主导地位，但是由于娟姗奶牛良好的产奶性能，其数量持续增加。近年来荷斯坦奶牛与娟姗奶牛杂交后代生产性能优越，导致杂交牛数量大幅度增加，2018—2019年杂交牛占全新西兰奶牛头数的48%以上。四是牧场自动化设计和大数据分析技术应用。近年来，新西兰牛场自动化水平在不断提高，其自动化体系涵盖奶牛场饲养系统、电子识别系统、规划系统、自动挤奶系统、乳腺炎自动检测系统、热应激自动感应系统等6个模块。牛场自动化技术的应用大大提高了工作效率，牛场利用最新的自动化监测技术，可以提高牛群的长寿性，为牛群提供更高的福利。

重视奶农教育培训，增强管理能力。新西兰头部乳企恒天然设有65家网点，为奶农提供产品服务、专业知识和技术经验，并为符合条件的农民提供购买福利，如90天免息购买、分期付款、股东专享购买折扣等。奶农可以利用网点、手机App或恒天然官网查询各种公开信息，包括牛奶产量、奶价、股息和利益分配情况等；奶农还可以通过公司的数字化平台进行网络研讨会，有机会参与各种学习和培训，交流牧场管理经验。2020年恒天然为奶农提供专业技能服务时长超27万小时，培训内容除牧场技术管理外，还包括综合管理能力的提升，让奶农具备管理合作社所需的技能和能力。2006年恒天然成立"治理发展委员会（GDC）"，通过经营治理发展计划（GDP），培养奶农在治理、领导、战略规划和交付等领域的技能和能力，增强奶农对恒天然综合业务的理解，并鼓励和支持奶农采用良好的管理方法，持续提高牧场盈利能力、环境效率。

借助金融工具干预，降低奶农风险。 由于大部分奶农既是生产者又是公司股东，决定了奶农收入分为两个部分，即来自出售产品的收入和股东分红，奶农根据每季度的牛奶供应量持有一定比例的股份，在季度末获得股息。恒天然奶价与国际市场高度联动，2008—2020年恒天然牛奶价格波动较大，2014年每千克乳固体最高价格达到8.5新西兰元，2016年最低牛奶价格跌至4.3新西兰元，价格差距悬殊。奶价波动直接影响奶农利益。为降低奶农风险，恒天然通过全球乳制品交易平台（GDT）促进全球乳制品交易，建立乳制品期货和期权市场，以保障自身利益及公司背后数量庞大奶农的利益。奶农还可以借助新西兰股票交易所（NZX）提供的价格指导，用特定的价格来锁定一部分牛奶产品，从而降低市场风险，避免直接面对全球奶源价格的波动。每季度末，恒天然在公布本季度农场牛奶价格及股息的同时，还会对下一季度农场牛奶价格和每股股息的价格区间进行预测。同时，GDT每月两次的拍卖也让奶农能够更加精确地进行价格预测，进而调整下一个生产季度的养殖与供奶计划，降低养殖风险。

构建多元品牌矩阵，充分利用本土品牌。 一是建立"一超多强"乳业品牌矩阵。新西兰乳制品出口长期位居世界第一，约占国际乳制品贸易的1/3，多个本土乳业品牌及其产品已在海外打响知名度，让新西兰成为世界公认的乳制品强国。总体来看，新西兰乳业品牌呈现"一超多强"的特点，其中"一超"指新西兰乳业龙头企业恒天然。目前，该集团旗下已成立多个乳制品品牌，如安佳（Anchor）、安怡（Anlene）和安满（Anmum）等，成为全球最大的乳制品出口商之一。除恒天然旗下的多个乳品品牌外，新西兰还有许多独立的乳品品牌，如新莱特（Synlai）、乐诗路（Lewis Road Creamery）、蓝河（Blueriver）、纽麦福（Meadow Fresh）、普霍伊山谷（Puhoi Valley）、大拓（Tatua）等。二是与本地品牌相结合形成多个本土知名品牌。恒天然的消费品包括牛奶、奶粉、酸奶、黄油和奶酪等，形成了安佳、安怡和安满三个国际品牌，通过与本地品牌相结合，推动形成多个本土知名品牌。

2. 对中国的启示

坚持多措并举推动节本增效，增强抗风险能力。 从奶牛饲养方式来看，新西兰奶牛养殖可分为五种模式：一是天然放牧模式，二是"天然放牧+补饲维生素、微量元素"模式，三是"天然放牧+精饲料补饲"模式，四是"舍饲+适时放牧"模式，五是舍饲模式。目前，新西兰奶农采取随行就市的奶牛养殖模式。在奶价较高时，奶农采用舍饲模式，提高奶产量，获得高回报；在奶价较低时，采用天然放牧模式，降低养殖成本，将损失减少到最小。奶农可以根据盈利情况，在五种模式间转换，从而获得最大养殖利润。据调查，新西兰奶农在2元/千克的奶价时尚能盈利，而我国奶牛养殖在3.5元/千克的奶价时大部分牧场处在微利或亏损状态。在我国，可利用草原面积有3.31亿公顷，呼伦贝尔市、新疆伊犁州等水资源丰富的天然草原地区适合发展半放牧、半舍饲型畜牧业。可利用天然草场放牧降低生产成本，探索适合我国的放牧补饲、半放牧半舍饲型低成本奶业技术模式。此外，目前国内牛肉价格相对较高，在奶价低养殖奶牛亏损时，建议使用肉牛或者乳肉兼用牛的冻精对发情奶牛进行人工授精，产下的犊牛按照肉牛进行饲养、肥育销售，既可以减少奶牛养殖损失，又能保证奶牛正常妊娠产奶，待行情好转时转配奶牛产奶，及时获得盈利，提高可持续发展能力。

坚持不懈地推进符合国情的产业一体化。 恒天然将利润分为三部分，一部分用于加工厂的扩大再生产，一部分作为奶农交奶的红利返还，一部分用于补贴为奶农提供的各类服务。利益返还解决了原料奶生产环节利润偏低的问题，促进了奶牛养殖业的可持续发展，同时为加工厂提供了稳定可靠的原料来源。建立奶业产、加、销利益联结，风险共担、利益共享的机制，有助于解决当前我国奶业深层次矛盾，构建奶业持续健康发展机制。一方面，应制定相关制度，规范生鲜乳购销秩序，维护奶农合法利益，同时大力发展奶农合作经济组织，提高奶农的组织化程度，增强在生鲜乳销售上的话语权；另一方面，鼓励奶牛养殖向乳品加工拓展，乳品加工向奶牛养殖延伸，同时构建各方参与的原料奶收购价格形成机制，建立奶农和乳品企业长期稳固的购销关系。

加强技术创新与示范推广，推动奶业转型升级。 新西兰奶业的稳定发展还得益于其成熟的产业技术创新和示范牧场推广体系。我国奶业在快速发展的同时，科技水平也在稳步提高，但由于起步晚、起点低，奶业的科研创新水平、技术推广能力与奶业发展的实际需求相比还有差距。可采取以下措施进一步增强我国奶业竞争力：一要采取切实措施，提高奶业科技研发和应用水平，不断完善现代奶牛产业技术体系，加强奶业技术服务平台与推广体系建设；二要鼓励相关部门、大专院校、科研院所和企业，依托国家科技计划和重大工程项目，联合开展奶业领域的重大科技研发活动，加快奶业科技进步；三要加强奶业科技推广服务，逐步建立专业技能培训、疫病防治、良种繁育等奶业社会化服务体系。

加强复合型奶业人才培训。近年来，中国奶业转型向纵深发展，奶牛养殖规模化程度大幅提高，存栏100头以上规模化养殖比例由2004年的11.2%增至2023年的76%。人才作为奶牛养殖业发展的核心竞争力，目前急需既懂养殖技术又懂经营管理的复合型奶业人才。恒天然的奶农培训为我国探索奶农培训新方式提供了参考思路，牧场培训不仅要覆盖技术管理能力，还要培养其综合管理能力。地方政府、行业协会应充分发挥服务职能，可以通过示范案例、技术讲解等多种形式，提升奶农对新技术的科学认知与使用，如开展牧场经验管理主题培训班，总结交流发展经验等。可探索数字化信息平台建设，为牧场搭建沟通平台，不断创新培训方式，充分发挥新媒体作用，利用好线上交流模式。同时，牧场管理人员也应鼓励员工多出去参加培训和会议，帮助提升员工的理论水平和技术水平。

（二）新西兰奶业供应链发展经验及启示

1. 发展经验

定价机制合理透明，保障奶农权益。恒天然出口了新西兰95%的牛奶，所以没有形成由市场供应竞争确定的"市场价格"，而是使用独立方法来计算奶价，即牧场牛奶价格（farmgate milk price）。恒天然将奶农提供的生鲜乳折算为乳固体，奶农生产1千克的乳固体就占1股，每月按入股数结算奶款，在年末计算每股股息并进行分红，即牛奶的最终价格由牧场牛奶价格和每股股息组成。在具体确定牛奶价格时，首先以全球乳制品拍卖平台（Global Dairy Trade，GDT）的交易价格为基准确定销售乳制品的总收入。GDT拍卖平台由恒天然于2008年搭建，一般每两个星期组织一次拍卖，买家遍布全球90多个国家，其拍卖价直接影响全球乳制品定价。恒天然将一个生产季度采集的所有牛奶转化为全脂乳粉（WMP）、脱脂乳粉（SMP）、酪乳粉（BMP）、黄油和无水乳脂（AMF）等副产品，以等价物来计算收入，以GDT交易价格为基准，最终按照实际月平均外汇兑换率换算成新西兰元。另外，对于奶酪、配粉等附加值较高的产品，有一定的品牌溢价，进行单独计算。将以上扣除营业成本、相关费用与资本回收，包括将原料奶运输到工厂与新西兰运输到出口点的成本、生产成本、销售和管理费用，固定资产折旧金额和适当的投资回报（包括营运资本投资），以及其他符合规定发生的实际成本，最后得到牛奶年度总价格，在奶款和股东收益之间进行分配后折算为每千克牧场牛奶价格。同时，为保证牧场的现金流，恒天然以牧场牛奶价格预测区间中间值的65%为基准，每月15日提前为奶农预付奶款与最终奶价的差额，在季度末结算。

"乳品企业自有牧场＋乳制品企业＋自营冷链物流"模式。新西兰充分发挥本国的食品研发体系的优势，实现了牛奶采集、生产和加工过程的标准化运行。对生鲜乳收购环节进行严格管控，从挤奶到进行生产加工的时限不能超过4个小时。各牧场每天定时采集生鲜乳，把采集的生鲜乳及时冷却到13℃并通过密闭管道储存在奶罐中冷藏保存，由恒天然的奶罐车采取密封罐装冷藏的运输方式在48小时内运送至乳制品企业。据统计，恒天然的奶罐车规模达400多辆，其运输能力基本实现了对于国内牧场的全覆盖。原料奶被分别运输到恒天然分布在新西兰的24家主要的乳制品加工企业之后，通过冷冻干燥、巴氏灭菌等高效环保的生产环节将其转化为乳制品。新西兰乳制品厂的生产车间配备了专门的空气过滤系统，以全球最先进的技术及完善的自动控制系统为支撑，实现了高度的自动化、无菌化生产，最大限度地保证了产品的质量。在乳制品销售层面，新西兰约95%的乳制品用于出口，为此建立了企业资源规划系统（SAP），对乳制品输入国的年度需求进行管理，以确定乳制品生产计划，实现对库存、物流等方面实时管理。同时，新西兰采用"互联网＋乳制品冷链物流"模式，利用先进的冷藏奶车将客户订单运送到周边国际机场。新西兰已建立了新鲜乳制品"海外直运"的配送通道，其冷链物流配送已在上海等较发达城市实施，实现了中国消费者对于"海外新鲜乳制品"的线上购买。新西兰天然乳品采用"互联网＋专卖店"的销售模式，利用专卖店进行乳制品销售，而且各专卖店配备了专门的冷藏服务车，极大地满足了社区居民对乳制品的需求。

实施节本增效计划，助力可持续发展。恒天然设立了"牧场环境计划"

和"合作差异计划"。"牧场环境计划"旨在帮助奶农节本增效，保护牧场环境，主要包括：通过创新基础设施建设，节省牧场电力消耗；减少运输和制造过程中化石燃料的使用，减少碳排放；有效管理牧场灌溉系统，推进牧场节水等。2020年，恒天然已有34%的牧场实行此计划，这一计划使新西兰煤炭使用量减少了10%，之后恒天然逐步为每家牧场量身定制可持续发展计划。2021年6月起，恒天然启动"合作差异计划"，由可持续发展顾问免费对牧场进行评估和指导，以帮助牧场达到可持续发展的要求。奶农在"合作差异计划"中取得的成绩越多，奖励就越多。符合恒天然可持续发展与价值目标的牧场，最高可获得每千克乳固体10美分的额外激励款。这两项可持续发展计划不仅有利于提升牛奶附加值，增加农民收益，而且可满足本土及全球客户对可持续生产乳品日益增长的需求。

完善的质量管理体系。 新西兰十分重视牛奶的品质与安全，有着世界上最为严格的奶制品质量监管制度。从养殖、收奶、加工到运输的整个产业链都有严格的质量监督标准，对于设施建设和生产流程同样有规范的标准。此外，还建有独立的第三方检测和评估制度，由官方授权和具有认证资格的实验室和风险评估机构负责，确保了标准的执行。

2. 对中国的启示

完善生鲜乳价格协商机制。 生鲜乳价格形成和调控机制是奶业健康发展的基石。国内生鲜乳价格主要依靠乳品企业定价，乳品企业既是"运动员"又是"裁判员"。政府应加强引导，完善由乳品企业、奶农、奶农合作社、行业协会以及政府相关部门参与的生鲜乳价格协商机制，引入专家与第三方机构，增强行业信息透明度。乳品企业与奶农双方应签订长期稳定的购销合同，形成稳固的购销关系，避免生鲜乳价格大起大落，维护奶农和乳品加工企业合法权益，缓解生鲜乳供需矛盾。

继续推动乳制品冷链物流基础设施建设和技术支撑。 立足乳制品质量安全，构建以提升品质为目标的奶业系统工程。鼓励乳制品企业购置先进的冷链物流设施和设备，继续推进"互联网＋乳制品冷链物流"建设。建立健全乳制品冷链信息管理系统，加强对乳制品产业链运输车辆的实时监控，加强乳制品产业链监测预警平台建设，推动乳制品冷链一体化建设，切实减少乳制品冷链"断链"问题。鼓励高校和科研机构积极承担乳业技术领域的研究，探索解决乳制品产业链各环节的问题，将研究成果运用于实践，为实际生产做贡献。

减少碳排放增强奶业可持续发展。FAO在2016年《畜牧业的长影》（*Livestock's Long Shadow*）报告中指出，畜牧业是温室气体效应的主要参与者，占全球温室气体排放总量的18%。奶业作为新西兰的支柱产业，2020年恒天然牧场通过可持续发展计划，碳排放减少了10%。我国奶牛存栏由2000年的489万头增至2024年的530万头，奶牛碳排放问题不容小觑，奶牛胃肠发酵、粪便管理、饲料粮种植、奶牛饲养耗能环节是奶牛产业碳排放的主要来源。首先，在养殖过程中，应不断优化奶牛饲喂结构，减少奶牛碳排放。其次，应建立健全奶牛产业碳减排补偿机制，鼓励养殖企业发挥主动作用，对于新型粪污处理设备予以补贴，对于减排贡献突出的饲料企业和乳品企业予以政策和经济支持。在畜禽粪污资源化利用过程中推行受益者付费机制，落实补贴政策。

完善乳制品监管监测体系。第一，政府应明确乳制品监管部门等各部门的职能，对有漏洞的质量法规进行调整，充分完善乳制品质量监管体系。例如，明晰乳制品的运输检疫证明，规定所有药物必须标有休眠期。第二，完善乳制品质量的风险预警机制及乳制品质量安全追溯体系，实现每一个售出的乳制品都可追溯，保证乳制品质量安全。

六、印度奶业产业链供应链发展经验及启示

（一）印度奶业产业链发展经验及启示

1.发展经验

三级合作社体系破解小农户组织化难题。印度是全球最大的牛奶生产国和消费国。印度通过村—区—邦三级合作社网络，实现了小农户与现代产业的无缝对接。以阿穆尔（Amul）模式为例。第一级为村级合作社，印度全国有村级合作社18.6万个，有社员奶农1 660万人。每个村的奶农只要拥有1头奶牛，一次性支付11卢比（10卢比作为股金，1卢比作为管理费），就可以申请成为会员。申请人必须承诺每年向合作社提供最低交奶量，一般为600～700升。每个村的奶农会员推选9名代表组建管理委员会，管理委员会管理村级合作社。村级合作社负责收购会员的原料奶并将其销售给区级合作社。第二级为区级合作社，其管理委员会由各村级合作社提名的代表或主席组成。区级合

作社负责将原料奶加工成乳制品，在当地市场销售，剩余的产品出售给邦级合作社。目前印度全国有区级合作社222个。第三级为邦级销售联盟。邦级销售联盟负责在印度国内及国际市场销售牛奶及乳制品，区级合作社的主席通过民主选举产生的董事会管理邦级销售联盟。目前印度各邦均成立了邦级销售联盟。

政府主导产业政策与技术创新。一是"白色革命"与政策扶持。1965年成立的国家乳品发展委员会（NDDB）主导"洪流行动"（又叫"白色革命"）。该行动以提高产奶量为目的，于1970—1996年分三个阶段进行，使印度牛奶产量从1970年的2 018万吨增长至1996年的6 546万吨，增长了两倍多，印度也一度成为世界第一大牛奶生产国。2024年9月，印度内政部长和合作部长公布了"白色革命2.0"，旨在赋予妇女权利、创造就业机会、增加牛奶采购量并缓解营养不良，具体举措包括以下内容：通过无息现金信贷、多功能区域合作社和多功能初级农业信贷协会（PACS），为欠发达地区的奶农提供金融支持；建立和加强奶业合作社，并增加这些机构的牛奶采购量。与此同时，印度2024—2025财年预算为发展乳业和畜牧业提供财政和技术援助，财政支持促进了信贷选择和购买动物的低利率机会，从而为奶农建立了创业精神和生活工资；技术支持增强了奶牛场基础设施、质量控制、饲料供应、动物繁殖、医疗保健、牲畜保险等。二是品种改良与科技应用。印度重点发展奶水牛产业，摩拉水牛乳脂率和乳蛋白率远超普通奶牛，并通过引进欧洲品种杂交提升产奶性能。NDDB于2024年2月引入巴西公牛精液（如吉尔和坎克雷吉品种），目的是提升每头奶牛的日均产奶量。同时，印度还大力推广机械化挤奶、全混合日粮等现代技术，提高奶业生产效率。

推行"文化符号＋持续创新"的品牌战略。一是以文化符号联结情感。古吉拉特邦合作牛奶营销联合会（GCMMF）因其品牌Amul在印度家喻户晓，以Amul女孩为视觉图腾，将品牌与印度社会变迁深度绑定，通过每日更新的新闻主题广告，如政治事件、体育赛事、社会议题等，构建全民参与式品牌传播，使广告成为记录时代的文化载体。二是统一品牌架构。采用"母品牌伞"策略，将黄油、牛奶、冰淇淋等200多个产品统一在Amul品牌下，减少单品类营销成本，实现品牌资产的乘数效应。三是采用低成本高黏性的传播模式。通过手绘广告和线下活动，如家庭主妇收藏包装等，在传统媒体时代创造了"低投入、高共鸣"的传播奇迹，品牌认知度高达97%，广告记忆留存率达85%。

2. 对中国的启示

强化中小奶农在行业中的地位。合作社基于中小奶农而建立，与之对应的则是超大型奶牛养殖场（如万头牧场）。可以将两者形象比喻成设备制造的两种思路，即集成化和模块化。大规模的奶牛场属于集成化，通过构建一个大的系统进行生产。优点是便于统一管理，牛奶质量安全水平高；缺点是系统内各生产环节间分工合作，相互关联，负责人不明确，一旦出现问题，就有可能导致整个系统瘫痪，如某头牛感染烈性传染病，很快就会波及整个牛群。合作社属于模块化，各个牧场相互独立，而且每个牧场都有明确的负责人。某个牧场出问题，不会影响整个系统的运行。近年来，随着中国低温奶市场的发展，对本地奶源的需求日益旺盛，大型乳企通过收购、自建等形式布局自有奶源，多地掀起了建设万头牧场的风潮。但受土地、环保条件等的约束，再加上牛源紧缺，通过建设万头牧场提高奶源自给率难度较大。而且一旦在奶业上出现类似非洲猪瘟的烈性传染病，对中国奶业的打击将是巨大的。建议充分发挥中小奶农"船小好调头"的优势，以模块化思维构建中国奶业体系。

加大政府支持和投入力度。一是实施阶段性产业计划，建议制定可分阶段推进的中国奶业发展战略，每个阶段设置要达成的目标。二是强化品种自主创新，依托中国农业科学院等机构，建立国家级奶牛基因库，重点培育耐高温、耐粗饲的"中国荷斯坦—地方品种"杂交系，提升核心种源自给率。三是持续加大资金投入力度，建议设立专项基金支持奶业主产区建设，创新金融支持模式，提供长期无息低息贷款，支持合作社建设。

创新奶业品牌发展战略。印度Amul品牌通过"文化符号+持续创新"战略实现的品牌溢价与国民认同，为中国企业提供了重要启示。一是挖掘本土文化符号，中国企业应深度挖掘传统文化或现代社会符号，如航天成就、国潮IP等，塑造具有情感共鸣的品牌图腾。二是构建母品牌生态，借鉴Amul的品牌架构，将乳制品、冷饮、烘焙等产品统一在核心品牌下，通过共享营销资源，降低成本，提升品牌认知度。三是创新低成本传播模式，在县域市场推广手绘广告墙，结合线下品鉴会，在县域推广后渗透到大型城市。四是强化品牌文化属性，通过公益营销和历史事件联名，将品牌打造成社会记忆载体。

（二）印度奶业供应链发展经验及启示

1. 发展经验

动态调整的分销网络。以位居全球乳业20强的GCMMF为例，通过不断合并分销网络，加大在冷链基础设施上的投入，GCMMF逐步形成新鲜、冷藏、冷冻和常温4条分销网络，满足不同产品的分销需求，不断提高市场渗透率。4条网络使得Amul所有产品线之间发挥协同作用，并利用这些网络，根据市场需求引进和销售新产品，迅速覆盖未开发的小城镇和农村市场。与此同时，为了应对连锁店等有组织零售业的冲击，在火车站、机场、大学、购物中心等场所开设Amul专卖店，通过专卖店直接面对消费者，为其提供完整的品牌体验，这样既可以减少中间商环节的额外费用支出，还可以作为系列产品展示台和新产品发布窗口，大幅提高Amul产品的品牌知名度。1999年启动的Amulyatra计划，通过工厂参访强化经销商合作信任。2011年，为改善农村和小城镇冷链设施不足情况，GCMMF提出超级经销商的分销模式，提高其冷藏、冷冻产品在农村和小城镇的覆盖率。2020年后，面对消费者消费习惯的改变，GCMMF积极与国内的在线订购家庭送货平台合作，发展电商业务。

重视牛奶消费习惯的培育。印度教将牛奶视为生命之源，牛奶被认为具有净化一切的功效，既可以消除外在的污秽，又可以保持内心的纯净。湿婆神饮用牛奶的神话、恒河沐浴仪式中使用牛奶等传统，使牛奶成为宗教活动的核心元素。这种文化惯性将牛奶从食品升华为精神符号，强化了消费的必要性。此外，印度家庭早餐普遍搭配奶茶，午后饮用酸奶，睡前一杯热牛奶被视为健康标配。印度政府通过"家庭营养计划"发放牛奶科普手册，强调"每天一杯奶，健康全家人"的理念，使牛奶消费成为家庭生活的仪式感载体。

注重社会公平与农村发展。印度奶业在追求经济效益的同时，注重社会公平与农村发展。一是赋予妇女更多权利，根据国际乳品联合会（IDF）2019年报告，印度约1 700万奶业合作社成员中，女性占比约30%。国家乳品发展委员会（NDDB）计划通过制度改革将女性成员比例提升至50%，并要求新成立的合作社优先吸纳女性。截至2023年，NDDB支持的20个牛奶生产者公司（MPCs）中，70%的成员为女性，其中12个MPCs由女性完全控股。二是重视农村发展。奶业贡献了印度农村家庭收入的27%，全国约8 000万农村人口直接或间接从事乳业相关工作。例如，古吉拉特邦奶农年均收入达4.8万卢比，较非奶农家庭高出35%。奶业还带动了饲料种植、兽药生产、冷链物流等产业链发展，创造了3 000万个间接就业岗位。

2. 对中国的启示

优化升级乳业分销体系。印度GCMMF的动态分销网络策略对中国乳业及快消品行业具有重要启示。一是构建多层级冷链物流体系。县城市场内可推动乳制品企业建立"中央仓—区域中心仓—乡镇前置仓"三级冷链网络，降低"最后一公里"配送成本。二是打造全渠道协同生态。借鉴GCMMF的4条供应链协同经验，中国企业可构建"常温产品＋低温鲜奶＋电商专供"的差异化渠道矩阵。同时在高铁枢纽设置智能体验店，集成产品展示、自助提货、会员服务等功能，提升品牌接触点密度。三是深化合作伙伴关系。建立渠道合伙人计划，定期组织经销商参访生产基地，通过透明化生产流程，增强经销商对产品的信任。

推动乳品消费向生活必需品转型。印度通过宗教文化、传统习惯与政府引导的协同作用，培育居民牛奶消费习惯。中国可借鉴其经验：一是出台乳品消费支持政策。通过政府在扩大消费中的指导作用，将扩大乳品消费纳入国家营养立法体系，并围绕公益性科普、农村中小学生营养餐计划等具体事项出台针对性的政策措施，促进居民乳品消费的提升。同时，结合多样化的营销活动，如乳品消费节、牛奶消费券发放等，进一步激发消费者的购买热情和需求。二是拓展学生饮用奶计划的覆盖范围。鉴于全球学生饮用奶覆盖率已达40%，建议进一步扩大计划的覆盖人群，特别是确保农村低收入地区的学生能够享受到学生饮用奶的权益。同时，将幼儿园低龄人口也纳入计划覆盖范围，并考虑采用半补贴式推广模式，力争将学生饮用奶的覆盖率提升至50%。

以奶业振兴带动农村经济发展。印度奶业在妇女赋权、农村就业和产业链协同发展方面的实践，为中国推动乡村振兴和农业现代化提供了重要参考。一是提高就业与收入的增长。推动"奶业＋种植＋加工＋文旅"融合发展，创造多元化就业岗位。在奶业主产县设立奶业技能培训中心，针对脱贫人口开展饲草种植、兽医护理等定向培训，并推荐至合作社或乳企就业。二是建立利益共享机制。参考印度Amul合作社模式，要求乳企与合作社签订协议，将加工销售环节的部分利润直接返还给奶农。鼓励村集体以土地、资金入股奶业项目，享受分红收益。三是推动区域协同发展。引导发达地区乳企在西部欠发达县域建设生产基地，通过税收分成、就业吸纳等方式实现跨区域利益共享。

七、以色列奶业产业链供应链发展经验及启示

（一）以色列奶业产业链发展经验及启示

1. 发展经验

从育种到生产的全链条技术赋能。以色列虽不是全球牛奶主产国，却是全球奶牛单产最高的国家。①种质创新方面。一是培育适应性奶牛品种。由叙利亚大马士革牛与进口荷兰公牛多代杂交培育出适应以色列气候条件、粗饲料条件的高产奶牛品种——以色列荷斯坦牛，该品种年均产奶量为全球最高水平，体细胞数控制在15万/毫升以下，且能耐受40℃高温环境。二是培育核心种公牛。以色列组建300头核心母牛群，每年筛选50头后备公牛，每头公牛需测定前3个月的生产数据，结合健康、繁殖等指标，最终仅5头种公牛进入冻精生产序列，为全国提供遗传物质。②繁殖管理方面。一是监测发情优化配种。阿菲金智能项圈实时监测奶牛活动量、反刍时间等47项生理指标，结合AI模型预测发情期，提升发情揭发率，缩短胎间距；Sion育种中心的50名人工授精员携带便携式设备，根据牧场数据平台提供的配种方案，实现"当日发情—当日配种"，以色列人工授精率达100%。二是疾病预防与控制。挤奶设备内置电导率传感器，结合牛奶成分分析仪"魔盒"，实时监测乳体细胞数，提高亚临床乳腺炎检出率，降低治疗成本；建立全国动物疫苗免费接种制度，口蹄疫疫苗覆盖率100%，通过基因编辑技术开发耐热型疫苗，在40℃环境下仍保持活性。③饲养管理方面。优化饲料粗精比，推广紫花苜蓿和罗兹草，推动饲料本地化创新；应用智能分群系统，如根据奶牛体况、产奶量等数据自动分群，减少人工干预，降低牛群应激；在牛舍顶部安装遮阳网，配合喷淋、通风扇等，减少夏季产奶量损失。

发达的数据管理系统和数据共享机制助力牧场精细化管理。以色列牧场的管理非常精细，全部实行计算机联网管理，35%的牧场采用了阿菲金（Afimilk）公司生产的数字化牧场管理系统，45%的牧场采用了SCR公司生产

的牧场管理系统。除此之外，以色列90％的牧场也在同时使用ICBA开发的"NOA牛群管理系统"，系统中包括牛群管理、牛群饲喂、牛奶生产、品种改良等可供牧场主在电脑上填写的界面。非常值得一提的是，不管是阿菲金的牧场管理系统，还是SCR的牧场管理系统，都可以与"NOA牛群管理系统"相互关联，数据可以双向交换。此外，以色列所有的奶业相关数据都要交由ICBA开发的良种登记册（HerdBook）进行汇总和分析，其中包括"NOA牛群管理系统"中的数据、ICBA负责的牛奶检测数据和DHI测定数据、Sion育种公司负责的奶牛配种数据、Harklait兽医对奶牛的疾病诊断数据以及乳品加工企业的收奶和付款数据等，并在生成统计报告后，反馈给牧场主用于生产管理。这些详尽的数据使HerdBook成为全世界最具综合性的登记册之一，也是目前世界最完整的牛群数据档案。

开发利用本国粗饲料资源以减少对国外进口饲料的依赖。以色列粗饲料资源匮乏且品质差，谷物饲料主要靠进口解决，于是以色列在利用本国粗资源上做足了文章。一是充分挖掘种植业及食品工业副产品，利用可利用的一切资源，在奶牛饲料配方配制中发展粗饲料品种。二是在饲料配方设计上下功夫，使用更多的小麦（青贮、干麦秸）和燕麦干草。由于苜蓿进口价格昂贵，种植苜蓿又需要良好的土壤和水浇条件，在饲料配方设计中很少有苜蓿。三是饲料配送中心的运作，为充分利用广泛的粗饲料资源提供了条件。

专业分工、功能完善的社会化服务体系。繁育配种服务方面，以色列国家繁殖育种中心承担牛群的配种工作，全国共有50多名人工授精人员，每人担负2 000～3 000头牛的人工授精配种工作；牧场主按在群成年母牛及应配头数，每年向繁殖育种中心缴纳一定费用。兽医保健服务方面，由以色列国家兽医中心承担兽医保健工作，其是独立于政府和牧场之外的第三方组织，服务范围包括关注奶牛群体健康和疫病防控，关注饲料质量安全、动物福利和临床试验。兽医每周都会到每个奶牛场检查和出诊2～3次，并为每个奶牛场出具周期报告，向奶牛场提供关于如何改善奶牛健康状况、如何提高生产水平和繁育性能的建议。饲料配送服务方面，以色列大规模养殖场配备TMR制作中心，中小规模养殖场的TMR由区域饲料配送中心提供，配送中心能够按低于市场价的价格收购饲料原料，并根据养殖场不同牛群的需要设计奶牛日粮配方、制作TMR。牛奶质量检测方面，ICBA运行着以色列国内唯一的牛奶检测实验室，该实验室作为第三方，为全国牛奶质量检测提供服务，包括交付加工企业的原料奶的质量检测和繁育体系DHI测定。

2. 对中国的启示

加强奶牛的良种繁育。良种繁育是国家奶业发展的基础，对产业发展的贡献率超过40％。因此，中国应借鉴以色列国家育种的成功经验，加强奶牛的品种改良工作。一是继续做好国家核心种公牛站遴选建设，引进和培育适合中国本土的优秀种公牛，促进种公牛站高质量发展。二是加强中国核心种子母牛群的建设，提升奶牛种业核心竞争力。三是加强对奶牛品种改良的管理。建立每头奶牛的系谱档案，进行DHI测定，了解需要改进的遗传缺陷。四是加强牧场的配种管理，在内蒙古、黑龙江等主产区规模化牧场推广监测设备，同时支持国产低成本监测设备开发，在中小牧场推广应用，建立"国家—省—市"三级输精员认证体系，加强配种人才培养。

大力推动奶业数字化转型。以色列通过高度集成的数据管理系统和跨平台数据共享机制，实现了奶业全链条的精细化管理。借鉴以色列经验：首先，需构建统一的数据标准体系，打破当前牧场、育种、加工等环节的数据孤岛，制定奶业数据交互相关规范，强制要求规模牧场接入国家级数据平台。其次，应建立多方协同的数据治理机制，依托奶牛育种自主创新联盟育种资源数据库，借鉴以色列HerdBook模式，整合DHI测定、兽医诊断、加工企业收奶等多源数据，支持数据分析算法研发。最后，需强化数据赋能的闭环管理，通过AI模型生成个性化管理方案，如饲料配方优化、繁殖计划调整等，在内蒙古、黑龙江等主产区试点"数据银行"模式，牧场主可通过数据质押获得低息贷款。

加大粗饲料资源开发利用。以色列在粗饲料资源的利用开发上投入了很大的精力，克服了粗饲料短缺、价格昂贵等问题，农作物主产的小麦经过青贮和干麦秸粉碎后，得到广泛应用。小麦秸、玉米秸是后备牛的主要粗饲料，有时也用于奶牛，必要时把稻壳、葵花秆、棉花秆、西红柿秆、三叶草秆等木质纤维素也作为后备牛的粗饲料。建议借鉴以色列经验，加大粗饲料和食品加工副产品品质、利用率和应用的研究，最大限度地把我国丰富的粗饲料进行充分利用，降低饲料成本。

建立健全奶业发展社会化服务体系。完善的社会化服务体系对于推动中国奶业健康发展起到关键作用。中国可以参照以色列奶业社会化服务体系的模式。一是整合行业内最优质资源，进一步健全和完善良种繁育、疫病防控、饲草料生产、技术推广等的支持与服务体系，大力发展"统一服务"的生产模式，使其形成一定规模，为牧场提供全方位立体服务。二是提高奶业的专业社会化程度，改善服务质量，完善并强化奶业配套服务体系的综合功能。如通过打造综合服务公司、社会化服务云平台等，加快培育新型服务主体，创新服务模式，为奶业产业链各环节提供专业服务，同时可以和社会上各专业服务公司进行合作，降低牧场的生产管理成本，提高牧场的核心竞争力。

（二）以色列奶业供应链发展经验及启示

1. 发展经验

以生产配额制度和限制进口为基础的供给管理制度。一是控制产量的生产配额制度。以色列政府于2011年颁布了《奶业法》，以法律的形式确立了以色列牛奶生产实行配额机制，针对国内消费量落实配额生产，规定配额以内的原奶产品按政府定价收购，超过配额的部分不保证价格。由于超过配额将面临很大的价格风险，因而从业者往往按照配额执行生产。二是限制进口的贸易制度。乳制品是以色列关税保护程度最高的农产品，对超出配额部分的进口征收更高关税，2018年以色列乳制品的最惠国关税仍高达65.6%。原料奶粉和黄油市场是以色列重点保护的领域，联合国贸易和发展会议关税数据显示，2017年以色列奶粉和黄油的最惠国关税分别高达195.3%和118.3%，截至2018年这两类产品的关税配额分别仅为1 200吨和2 250吨，奶粉和黄油实际进口总量折合成原料奶仅为当年以色列国内牛奶产量的0.24%。

以价格管制为手段的价格形成机制。以色列奶价根据每升牛奶的生产成本进行计算，由独立的特别委员会通过随机调查奶农群体来核对牛奶生产成本，每季度复查一次，包括饲料费用、劳动力、管理费用及其他费用。以色列奶牛养殖协会负责生鲜乳的第三方检测工作，奶样检测的结果每天上午送达乳品加工企业，并保留奶样。乳品加工企业依据检测结果计价向奶牛场支付奶款，如有争议，对留样进行复检，并作出仲裁。鉴于牛奶生产中乳脂和乳蛋白的含量与需求之间存在差异，以色列乳品委员会于2020年制定了2021—2022年乳脂乳蛋白的价格比率，由2020年的40：60提高到2022年的45：55。这种以质论价、奖罚分明、定额收奶的政策，引导牧场主在提高单产、提升质量、降低成本，实现经济效益最大化上下功夫。

统一的饲料制作和配送体系。以色列大规模牧场配备TMR制作中心，但小规模牧场的TMR由区域饲料配送中心提供。配送中心有专门的营养师，每一种饲料成分在使用前都需要送到ICBA的乳品实验室进行检测，化验出准确的营养指标，合格后方能制作配方。目前，以色列有15个区域饲料配送中心。区域饲料中心的主要工作是按低于市场价的价格收购各种饲料原料，开发新的作物资源，根据牧场不同牛群的需要设计奶牛日粮配方、制作TMR，然后进行饲料配送。以色列采用区域饲料配送中心进行统一饲料制作的做法，既保证了饲料质量，又最大化地降低了饲料成本，减少了牧场制作饲料的物力和人力成本。

2. 对中国的启示

构建"配额调控"的供给管理制度。 以色列通过法律约束与贸易保护构建的奶业供给管理体系，为中国应对进口冲击、稳定产业秩序提供了重要启示。一是建立分级生产配额制度，建议依据国内消费量设定年度原料奶生产配额，配额内牛奶按保护价收购，超配额部分允许企业自主定价，尝试在黑龙江、内蒙古等主产区试点"基准配额+弹性调节"机制。二是构建利益补偿机制，设立奶业产业安全基金，对因配额限制导致的奶农收入损失给予补贴，对受进口冲击的企业提供转产扶持。

完善牛奶价格形成机制。 如何让产业发展的增值收益更多惠及养殖端，仍是中国奶业发展亟须解决的关键问题。这既是巩固奶业产业基础的需要，也是充分发挥奶业在乡村振兴中作用的必然要求。借鉴以色列的目标价格制度，牛奶的价格可以通过国家指导与市场力量共同形成，在国家制定一个标准价格的同时，充分发挥市场的作用，建立优质优价的定价体系。同时，规范行业垄断力量的规制政策和监管制度，并建立第三方质量检测制度。

优化饲料供应体系。 以色列通过"区域饲料配送中心+专业营养师团队"构建的统一饲料供应体系，为中国破解中小牧场饲料质量参差不齐、成本高企的难题提供了系统性解决方案。一是继续推动区域性饲料配送中心建设，持续完善饲草贮运配送中心和区域性贮草站点建设布局，做好饲草储备和跨区调运。二是推动饲料配方精准化管理，依托科研机构建立"奶牛营养数据库"，根据不同区域气候、奶牛品种定制配方。配送中心配备注册营养师，通过牧场提供的产奶量、乳成分等DHI数据，动态调整饲料配方。三是加强政策支持与激励，对使用配送中心饲料的牧场给予适当补贴，对开发新型饲料资源的企业减免增值税。

第六章
推动中国奶业产业链供应链高质量发展对策建议

一、聚焦核心技术攻关，赢得高质量发展主动权

（一）布局关键技术研发方向

重点攻关奶牛育种与遗传改良技术。加强奶牛良种培育，提升自主育种能力。加快中国荷斯坦牛等本土优质奶牛品种的选育，利用基因测序、CRISPR等技术，改良产奶量、抗病性等性状，提升基因编辑与分子育种水平。争取实现500头以上规模化牧场奶牛生产性能测定全覆盖，推进奶牛生产性能测定数据在良种选育过程中的应用，完善奶牛育种数据及遗传评估数据平台。探索推广性控胚胎移植技术，提高优质种牛繁育效率。积极推进种质资源库建设，建立国家级奶牛基因数据库，提高优质遗传资源保存和利用效率。鼓励建立社会化育种技术服务体系，提高遗传评估效率。

提升高效健康养殖技术。研发非粮型饲料、采用菌酶协同发酵技术饲料等低成本、高营养的饲料配方，减少对进口苜蓿的依赖，进一步提高精准营养与饲料开发水平。针对乳房炎、口蹄疫等开发快速检测试剂盒、新型疫苗，推广基于物联网的奶牛健康预警系统等智能化监测系统，进一步健全完善疫病防控体系。推广低碳养殖技术，利用饲料添加剂优化等措施减少甲烷排放，采用沼气发电、有机肥生产等措施加快粪污资源化利用。

加快乳品加工与质量安全技术研发。加强乳制品精深加工，加大力度推动乳品功能性原料的技术创新和产业化进程，实现高价值原材料的高

效分离制备。鼓励功能性乳制品开发，加快研发低乳糖、高蛋白、益生菌等功能性产品，满足细分市场需求。促进加工工艺升级，推广低温巴氏杀菌、膜分离、超高压处理等技术。提升质量安全监测能力，开发针对农药残留、抗生素残留、重金属、致病菌等有害物质的快速检测技术，建设全产业链追溯系统，构建起"原奶—生产—销售"全流程的质量追溯数据链。

大力发展智能化与数字化技术。推广智能挤奶机器人、温湿度和通风自动化等环境控制系统、基于AI的发情期识别等个体识别与行为监测，打造一批智慧牧场。利用牧场管理软件分析生产数据，优化养殖决策，实现精准饲喂，做好疾病预测预警，提升大数据技术应用覆盖率。运用物联网、人工智能等技术，实现自动化生产线的高效运转，提升生产和管理效率。通过门店渠道管理大数据系统、消费者行为分析系统等智能化系统，依靠智能建模和大数据，提升营销效率。

（二）加强"多链条"高效适配

围绕产业链部署创新链。推动产学研深度融合，鼓励龙头企业牵头成立创新联合体，做好产业市场需求与科研方向对接。建立技术转化中试基地，加速新型饲料添加剂、智能设备等实验室成果产业化进程。统筹科技创新和产业优化联动升级，以链式融合创新提升产品竞争力和创新话语权。

专栏6-1 内蒙古重点产业链创新联合体建设

2024年12月19日，内蒙古自治区科学技术厅印发《内蒙古自治区重点产业链创新联合体建设实施方案》，其目的是以建设内蒙古重点产业链创新联合体为重要载体，打造科技创新和产业创新深度融合的改革样板，进一步提升重点产业创新能力和发展竞争力。

一、功能定位

创新联合体是产业技术创新平台的组成部分，由创新资源整合能力强的龙头企业牵头，联合相关领域高等学校、科研机构以及产业链上中下游企业共同参与的体系化、任务型、开放式创新合作组织，为开展关键共性技术研发以及科技成果中试和示范应用而组建。布局重点产业链创新联合体（以下简称"联合体"）是推动创新链产业链资金链人才链深度融合，优化重大科技创新组织机制改革的"试验田"，旨在围绕自治区重大产业集群和重点产业链，"自上而下"统筹布局一批联合体，通过开展全链条有组织科研，形成一批产业创新人才团队，实现大兵团作战、集成式创新和产学研融通，进一步强化企业创新主体地位，推动科技创新和产业创新深度融合。

二、目标任务

围绕自治区重大产业集群和重点产业链，以及自治区党委和政府部署的其他重点产业，按照"成熟一个、启动一个"和"每个重点产业链至少一个联合体"的原则，谋划建设一批联合体。到2027年，联合体总数达到30个左右，在自治区重点产业链实现全覆盖，形成自治区重大任务攻关新机制和产学研深度融合新模式，科技支撑重点产业链高质量发展能力显著增强。

三、组建条件

（一）建设目标明确。每个联合体要以实现关键核心技术突破，解决制约产业发展"卡脖子"技术，研发引领未来发展的基础前沿技术，提升产业链供应链安全为目标，以推动产业协同创新、产出重大科技成果、创制高价值专利和技术标准、培育一流企业、孵化科技型中小企业等为任务，在知识产权、人才培养、品牌建设、推广应用等方面构建较为完备的布局。

（二）优势企业牵头。联合体牵头单位的法定代表人是联合体的主要负责人。牵头单位为自治区内注册的企业（含央企在内蒙古的分公司），一般为产业链龙头企业、链主企业，具备较强的行业影响力，能够集聚产业链上中下游企业、高等学校和科研院所等创新资源，有专职研发团队，一般应建有自治区级及以上创新平台，近三年研究开发费用占营收比例不低于3%或年度研发费用不低于1亿元。原则上一个牵头单位仅限牵头组建一个联合体。

（三）产学研充分联合。联合体组成单位包括区内外产业链内相关企业、高等学校、科研院所或其他组织机构等，鼓励联合体积极吸纳区内高等学校、科研院所、企业、科技重大创新平台加入。成员单位应具备一定的研发和技术配套能力，成员单位间在技术研发、成果转化、标准制定等方面具备合作基础，成员单位（含牵头单位）原则上不少于10个，在自治区注册或驻区单位比例不低于50%，成员单位中企业数量不低于50%，应分布在产业链上中下游。

（四）运行机制健全。联合体各参与单位法定代表人或授权人需共同签订组建协议，明确各方任务分工、权利义务等。联合体管理协调机构，应为相对固定机构，能够统筹协调管理联合体内攻关任务的组织实施，支撑联合体良性运转，并有相应的条件保障。联合体应建立专家委员会，为攻关决策提供技术咨询。根据不同攻关技术领域，建立健全产学研协同攻关、收益分配激励、知识产权共享等运行机制，充分激发各方协同创新活力。

围绕价值链布局技术链。加强价值链与技术链梳理，形成产业链科技创新能力提升任务清单，集中各方力量开展联合攻关。强化科研投入与平台建设，梳理国内奶业专项基金与扶持计划，探索设立奶业细分领域科技专项基金，支持高校、科研院所与企业联合攻关。加快乳品科学、动物营养领域等细分领域的重点实验室建设。

创新实践"链长制"布局政策链。充分发挥行业协会作用，组织筛选奶业上下游产业链链长，明确链长负责制定产业规划和支持政策，做好产业链的顶层设计和组织协调工作等内容。积极促进链主单位组织上下游企业和产学研用各方，联合开展技术攻关和产业协同创新生态营造。链主企业积极组织开展行业上下游企业调研，围绕价值链、技术链等关键环节政策需求，探索提出政策建议方向，针对核心技术攻关企业给予税收减免、贷款贴息等优惠扶持政策。

围绕创新链布局人才链。结合创新链、产业链等关键环节，评估其人才需求，探索在高校增设奶业相关专业，定向培养产业急需的技术人才。积极开展职业培训，提升牧场管理人员和一线工人的技术能力，培养现代化奶业技术工人人才队伍。

二、用好超大规模市场，夯实国际国内市场地位

（一）持续深耕国内细分市场

打造自主开发产品应用生态。聚焦原辅材料、机械和包装材料、生产加工、物流配送等领域关键瓶颈，针对性做好供应链战略设计和精准施策。重点将基础领域创新技术和产品纳入首台套、首批次、首版次等保险补偿支持范围。以重点领域、重点区域应用场景建设为突破点，组织形成一批量级大、带动性强的应用场景项目，推动新技术新产品的示范应用，形成可复制可推广的商业模式，打造具有黏性的产业生态系统。强化顶层设计，探索研究"首发应用场景""示范应用场景"等支持措施，实现政策有效衔接和精准支持。加强应用前沿整机带动，对取得突破的国产化产品，引导和支持供需对接，为自主创新产品应用创造公平市场环境。

创造消费场景，满足不同消费群体需求。精准定位目标群体，通过开发针对不同年龄段、不同消费需求的产品，提高市场占有率。创新产品形态和包装，提升消费体验。加快功能型乳制品、跨界融合奶茶等新型乳制品开发，依托个性化包装设计、使用可降解可回收环保材料、增强互动式体验感等，不断创新包装设计。拓展多元化消费渠道，积极布局电商平台、新零售、社群营销等消费业态，拓宽线上线下相结合的消费渠道，触达更多消费者。积极推进跨界合作，加强与餐饮品牌合作开发特色饮品、甜品，与旅游景点合作设立品牌体验店，开发特色乳制品，打造旅游伴手礼。

（二）积极参与国际市场竞争

政府工作角度。一是加强政策引导和扶持，制定培育奶业国际知名品牌的专项政策，在资金、税收、人才等方面给予支持。鼓励企业参与国际标准制定，提升中国奶业在国际上的话语权。加强对奶业知识产权的保护，为企业品牌建设营造良好环境。积极打造中国消费名品名单，提高中国特色消费品的宣传度。密切关注国际贸易规则变化，积极应对贸易壁垒。二是搭建国际交流

合作平台，组织企业参加国际知名展会，如法国"西雅"展（SIAL国际食品展）、德国科隆（ANUGA）食品展等，提升中国奶业品牌的国际知名度。举办国际奶业论坛、研讨会等活动，促进国内外企业交流合作。三是加强品牌宣传推广，利用国家外宣平台，宣传中国奶业品牌形象。支持企业在海外开展品牌推广活动，提升品牌影响力。

企业自身发展角度。一是制定国际化发展战略，加强国际市场调研，了解目标市场需求和竞争格局。二是提升产品品质和创新能力，坚持质量为本，建立完善的质量管理体系，确保产品安全可靠。加大研发投入，开发符合国际市场需求的高品质、差异化产品。加强与国际知名科研机构合作，引进先进技术和管理经验。三是加强品牌建设和营销推广，制定企业长期品牌发展战略，明确品牌定位和目标市场，打造具有国际影响力的品牌形象，设计符合目标市场文化的品牌标识和包装。利用数字化营销手段，提升品牌知名度和美誉度。与当地经销商、零售商合作，建立完善的销售网络和服务体系。四是履行企业社会责任，提升品牌形象。积极参与当地社会公益活动，树立良好的企业公民形象。注重环境保护和可持续发展，提升品牌社会责任感。

行业协会管理角度。一是加强行业自律和规范，积极制定行业标准，规范企业生产经营行为，维护行业良好秩序。加强行业诚信体系建设，提升中国奶业整体形象。二是提供信息咨询和培训服务，为企业提供国际市场信息、政策法规咨询等服务。组织开展品牌建设、市场营销等方面的培训，提升企业国际化经营能力。三是搭建行业交流合作平台，组织企业参加国内外行业展会、论坛等活动，促进企业交流合作。加强与国外行业协会的交流合作，推动中国奶业品牌走向世界。

（三）加强消费者科普教育

建立分层教育体系。加强奶业公益宣传，扩大乳品消费科普，倡导科学饮奶，引导居民健康消费。加强乳制品应用场景研究，积极扩大奶酪、酪蛋白等新产品的消费和应用。如针对儿童青少年群体，开设营养课堂，用动画、实验展示钙质吸收原理；针对中青年白领群体，与写字楼咖啡店合作推出"拿铁+奶酪棒健康套餐"，在健身App推送相关科普短视频；针对老年群体，举办社区健康讲座等。通过针对不同群体研究不同消费场景，提高乳制品人均消费量。

创新科普形式。创新可视化内容传播，制作"牛奶的前世今生"系列 MG 动画、长短视频等。依托权威平台扩大宣传范围，如联合中国营养学会建立"乳品科普数字馆"，定期发布《中国居民乳品消费指南》电子手册。大力推广体验式营销，比如在商超等场景中建立牛奶等制品的透明溯源专区，利用 VR 设备实时观看合作牧场挤奶流程、扫码查看奶牛档案等，提升消费者对产品的认知。

三、优化产业发展布局，提升本土化根植性水平

（一）构建区域协调发展格局

因地制宜，优化奶源基地布局。根据资源禀赋和环境承载力，在东北、华北、西北地区等传统奶源优势区域，建设规模化、标准化、集约化的奶源基地，巩固提升奶源供给能力。在南方水网地区、草原牧区等区域，因地制宜发展特色奶业，如南方水牛奶、草原有机奶等，丰富奶源供给结构。

推动乳制品加工向消费地集聚。发挥呼和浩特市乳制品先进制造业集群引领作用，支持集群企业建设乳清产品、奶油产品、蛋白产品加工线，鼓励企业开发营养丰富、口味多样的新型产品。引导乳制品加工企业向消费市场集中区域布局。在主要消费城市周边建设现代化乳制品加工园区，集聚上下游企业，形成产业集群效应。

加强区域协同发展。根据各地优势特色布局不同链条环节，以中心城市和城市群为重点，基于各自比较优势，打造若干产业链节点城市，发挥节点城市的集群规模效应、创新外溢效应与市场竞争优势，以适度分散为目标，关联一批二级、三级节点城市。优化区域分工协作格局，强化中西部和东北地区承接产业转移能力建设。打破区域壁垒，加强奶源基地、加工企业、销售市场之间的协同联动，形成优势互补、协同发展的区域奶业发展格局。鼓励东部发达地区企业到中西部地区投资建厂，带动中西部地区奶业发展。

（二）增强产业链供应链韧性

从原料端来看，加强优质奶源基地建设，确保奶源安全。从国内布局来

看，加大政策支持力度，鼓励社会投入奶源基地建设，提高奶源自给率。推广良种繁育和科学饲养技术，提高奶牛单产和原奶质量。加强疫病防控，完善奶源质量安全追溯体系，提升奶源安全保障水平。从国外布局来看，优先选择政策稳定、土地成本低、气候适宜的新西兰、澳大利亚、阿根廷等国家建设牧场，积极与当地政府、农场主以及相关机构合作，配套饲料种植、加工厂和冷链物流，降低中间成本。加强技术合作，提升农业机械设备、牧场养殖设备等设备质量与稳定性，加强中国技术输出服务。

生产端重点突破关键核心技术，提升加工水平。加大科技研发投入，支持企业、科研院所联合攻关，突破乳清蛋白、益生菌等关键原辅料生产技术瓶颈。鼓励企业引进国外先进技术和管理经验，提升乳制品加工工艺和装备水平。发展低温乳制品、奶酪等高附加值产品，优化产品结构，提升产品竞争力。积极开发包装材料、农业机械设备等新产品新工艺，不断提升供应链各环节质量水平。

流通端重点完善冷链物流体系，加强冷链基础设施建设，提高冷链运输和仓储能力。推广先进冷链技术，降低物流损耗，保障乳制品新鲜度。鼓励发展第三方冷链物流，提高物流效率和服务水平。

消费端重点加强品牌建设，提升产品附加值。支持企业打造具有国际影响力的乳制品品牌，提升品牌知名度和美誉度。鼓励企业开发特色产品，满足消费者多元化需求。加强品牌宣传推广，提升品牌影响力。

贸易端重点加强资源整合，提升国际合作能力。引进与吸收国际先进技术，加强与奶业强国的技术交流与合作，引进优质种牛、智能化设备和管理经验。参与国际奶业科技组织（如国际乳品联合会IDF），共享技术标准与研究成果，提升中国企业技术服务能力。构建全球供应链，鼓励大型龙头企业走出去，开展全球供应链环节布局，在海外加大优质饲草基地建设力度，降低饲料成本。推动乳制品出口认证，积极开拓国际市场。

四、完善产业生态体系，实现关键环节安全可控

（一）推动奶业纵向一体化拓展

鼓励龙头企业延伸产业链。支持大型乳制品企业向上游延伸，鼓励建设自有奶源基地。鼓励企业向下游延伸，发展冷链物流、布局销售终端，构建

全产业链经营模式。建设以链主企业为中心的产业链生态圈，发挥链主企业强大的资源整合能力，在产业链协调中进行并购延链、淘汰落后环节等，通过在生产、技术、培训等方面向上下游配套企业提供专业化指导，带动产业链中小企业朝着规模化、专业化、高端化发展。鼓励中小企业加强对链主企业知识、技术溢出的吸收能力，加快自身提档升级，形成大中小企业信息联通、产能对接、品牌共建、知识产权和销售渠道共享等深度产业协作配套模式。

推动养加一体化发展。鼓励具备条件的奶畜养殖场、合作社发展乳制品加工，自办生产巴氏杀菌乳、低温发酵乳、奶酪和地方特色乳制品等的加工企业，实现生鲜乳就地就近转化，拓宽增收渠道，提升中小养殖场抵御市场风险的能力。

积极发展奶农专业合作组织。鼓励奶农成立合作社、联合社等合作组织，提高组织化程度，为成员提供技术指导、疫病防治、市场信息等服务，增强市场议价能力。支持奶农合作组织与乳制品企业建立长期稳定的合作关系，实现利益共享、风险共担。

完善利益联结机制。建立合理的奶价形成机制，保障奶农合理收益。鼓励龙头乳企通过股份合作、利润返还等方式，与奶农建立紧密的利益联结机制。

（二）促进奶业横向一体化发展

鼓励企业兼并重组。支持优势企业通过市场化方式兼并重组劣势企业，提高产业集中度。鼓励企业跨区域、跨所有制兼并重组，优化产业布局。加大政策支持力度，对参与兼并重组的奶业企业给予税收优惠，鼓励金融机构为奶业企业兼并重组提供优惠贷款。

发展联合经营模式。鼓励企业通过合资、合作等方式，建立联合经营体，实现资源共享、风险共担。支持企业探索联合采购、联合销售等多种形式的联合经营模式。

构建战略联盟。鼓励企业建立奶业高质量发展战略联盟，在技术研发、市场开拓、品牌建设等方面进行合作。支持行业协会牵头组建产业联盟，推动行业协同发展。

↓

专栏6-2 奶业兼并国内外案例

一、国内案例

伊利集团收购圣牧高科（2018年）：伊利集团以52.9亿港元收购中国圣牧高科奶业37%股权，成为其第一大股东。通过此次收购，伊利集团获得了圣牧高科旗下的优质有机奶源，进一步巩固了其在有机奶市场的领先地位。

光明乳业收购新西兰新莱特乳业（2010年）：光明乳业以8 200万新西兰元收购新西兰新莱特乳业51%股权。通过此次收购，光明乳业获得了新西兰优质奶源和生产基地，为其国际化发展奠定了基础。

新希望乳业收购重庆天友乳业（2019年）：新希望乳业以17.11亿元收购重庆天友乳业100%股权。通过此次收购，新希望乳业进一步扩大了在西南地区的市场份额。

二、国际案例

雀巢公司收购惠氏营养品（2012年）：雀巢公司以118.5亿美元收购辉瑞公司旗下的惠氏营养品业务。通过此次收购，雀巢公司成为全球最大的婴幼儿奶粉生产商。

达能公司收购WhiteWaveFoods（2017年）：达能公司以125亿美元收购美国WhiteWaveFoods公司。通过此次收购，达能公司拓展了植物基食品业务，迎合了消费者对健康食品的需求。

恒天然收购贝因美部分股权（2015年）：新西兰恒天然以18亿新西兰元收购中国贝因美婴童食品18.8%股权。通过此次收购，恒天然进一步拓展了中国市场。

五、普及数智绿色发展，提升产业流通运行效率

（一）支持奶业数智化转型

加强基础设施建设。积极布局5G网络、物联网等新型基础设施建设，在奶源基地、加工厂、物流中心等关键节点部署5G网络、物联网设备，实现数据实时采集和传输。建设奶业大数据中心，实现数据集中存储、分析和应用。大力推广智能装备应用：在奶牛养殖环节，推广应用智能饲喂系统、智能挤奶机器人等设备，提高养殖效率和原奶质量；在乳制品加工环节，推广应用智能生产线、智能检测设备等，提高生产效率和产品质量；在物流配送环节，推广应用智能仓储系统、无人配送车等，提高物流效率和配送准确性。

推动行业数据互联互通。探索建立统一的行业数据标准体系，制定奶业数据采集、传输、存储、应用等标准，实现数据互联互通。搭建奶业产业互联网平台，建设覆盖奶源、加工、物流、销售等全产业链的产业互联网平台，实现信息流、物流、资金流的融合贯通。

深化数智化应用。发展智慧牧场，利用物联网、大数据等技术，实现奶牛养殖的智能化管理，提高养殖效率和原奶质量。通过数据分析，优化饲料配方、疫病预防等，降低养殖成本。建设智能工厂，利用人工智能、机器人等技术，实现乳制品生产的智能化控制，提高生产效率和产品质量。基于生产数据，不断优化生产工艺、适时开展设备维护，降低生产成本。打造智慧物流，利用大数据、云计算等技术，实现物流配送的智能化调度，提高物流效率和配送准确性。通过数据分析，优化运输路线、仓储布局等，降低物流成本。

促进产业链供需调配和精准对接。以互联网、大数据、云计算、人工智能为手段，推进传统产业链整合优化，打通供销渠道，去除冗余环节。通过消息联通，打破信息闭塞痛点，帮助企业把握市场行情、简化中间环节，实现降本增效。以中心城市、城市群为枢纽节点，以交通链、资金链、人才链、信息链为纽带，强化全国各省份间的产业链合作，促进供需精准对接，顺畅城市之间信息、人员、要素流动。

（二）鼓励支持绿色低碳发展

加强政策引导和扶持。制定奶业绿色低碳发展专项规划，明确奶业绿色低碳发展的目标、任务和措施，为行业发展提供指引。将奶业绿色低碳发展纳入国家和地方相关规划，统筹推进。加大财政资金支持力度，设立奶业绿色低碳发展专项资金，支持绿色低碳技术研发、示范项目建设等。对符合条件的奶业绿色低碳项目给予贷款贴息、税收优惠等政策支持。完善绿色金融体系。鼓励金融机构开发绿色信贷、绿色债券等金融产品，为奶业绿色低碳发展提供融资支持。建立健全奶业绿色低碳项目评估认证体系，为绿色金融提供指引。

加快绿色低碳技术创新。加强绿色低碳技术研发，支持企业、科研院所联合攻关，突破奶牛养殖、乳制品加工、包装运输等环节的绿色低碳关键技术。鼓励引进吸收国外先进绿色低碳技术，提升国内技术水平。推广绿色低碳技术应用：在奶牛养殖环节，推广粪污资源化利用、沼气发电等技术，减少温室气体排放；在乳制品加工环节，推广节能减排技术、清洁生产技术等，降低能源消耗和污染物排放；在包装运输环节，推广可降解包装材料、新能源物流车辆等，减少资源消耗和环境污染。

推动绿色低碳模式创新。一是鼓励奶牛养殖场与种植基地合作，发展种养结合循环农业，实现粪污资源化利用，减少环境污染。二是推广精准饲喂、智能环控等低碳养殖模式，提高饲料利用率，减少温室气体排放。三是鼓励企业开发有机奶、草饲奶等绿色乳制品，满足消费者对绿色健康食品的需求。

加强绿色低碳标准体系建设。建立健全奶业绿色低碳标准体系，制定奶牛养殖、乳制品加工、包装运输等环节的绿色低碳标准，为行业发展提供规范。加强绿色低碳认证，建立健全奶业绿色低碳产品认证体系，鼓励企业开展绿色低碳认证，提升产品竞争力。通过多渠道宣传，倡导绿色消费理念，鼓励消费者选择绿色低碳乳制品。

↓

专栏6-3 世界部分国家奶业绿色低碳发展案例

1. 新西兰：恒天然（Fonterra）的可持续发展计划

案例概述：恒天然是全球最大的乳制品出口商之一，致力于通过绿色低碳措施减少环境影响。

具体措施：①减少碳排放。通过优化牧场管理、提高能源效率和使用可再生能源，减少碳排放。②水资源管理。采用节水技术和水资源循环利用系统，降低水资源消耗。③粪污资源化利用。将奶牛粪便转化为沼气和有机肥料，减少环境污染。④可持续包装。使用可回收和可降解的包装材料，减少塑料污染。

成效：恒天然计划到2050年实现净零碳排放，并已在多个牧场和工厂实施绿色低碳技术。

2. 荷兰：皇家菲仕兰的"碳中和"目标

案例概述：皇家菲仕兰是欧洲领先的乳制品企业，致力于实现碳中和与可持续发展。

具体措施：①可再生能源。在工厂和牧场推广太阳能、风能等可再生能源。②低碳养殖。通过精准饲喂和优化饲料配方，减少奶牛甲烷排放。③循环经济。将乳制品生产过程中的副产品（如乳清）转化为高附加值产品，减少浪费。④绿色物流。使用电动车辆和优化运输路线，降低物流环节的碳排放。

成效：皇家菲仕兰计划到2050年实现全产业链碳中和，并已在多个工厂实现100%可再生能源使用。

3. 美国：达能北美（Danone North America）的碳减排计划

案例概述：达能北美致力于通过绿色低碳措施减少乳制品生产的环境足迹。

具体措施：①再生农业。推广再生农业实践，如免耕种植、轮作和覆盖作物，提高土壤碳汇能力。②低碳牧场。通过改善牧场管理和饲料配方，减少奶牛甲烷排放。③可持续包装。使用植物基塑料和可回收包装材料，减少塑料污染。④碳中和工厂。在多个工厂实现碳中和，使用可再生能源和节能技术。

成效：达能北美计划到2025年实现碳减排50%，并已在多个牧场和工厂实施绿色低碳技术。

4.爱尔兰：Origin Green计划

案例概述：Origin Green计划是爱尔兰国家级的可持续发展计划，涵盖乳制品、肉类等多个农业领域。

具体措施：①碳足迹监测。要求乳制品企业定期监测和报告碳足迹，制定减排目标。②可持续牧场管理。推广精准农业技术，优化饲料使用和粪污管理。③绿色认证。对符合可持续发展标准的企业和产品进行认证，提升市场竞争力。

成效：爱尔兰乳制品行业通过该计划显著减少了碳排放，并提升了国际市场的绿色形象。

5.丹麦：Arla Foods的绿色转型

案例概述：Arla Foods是欧洲最大的乳制品合作社之一，致力于通过绿色低碳措施实现可持续发展。

具体措施：①低碳牧场。通过优化饲料配方和改善牧场管理，减少奶牛甲烷排放。②可再生能源。在工厂和牧场推广太阳能和风能，减少化石能源使用。③循环经济。将乳制品生产过程中的副产品转化为高附加值产品，如乳清蛋白和生物燃料。④绿色包装。使用可回收和可降解的包装材料，减少塑料污染。

成效：Arla Foods计划到2050年实现碳中和，并已在多个工厂和牧场实施绿色低碳技术。

6.日本：雪印乳业（Megmilk Snow Brand）的可持续发展实践

案例概述：雪印乳业是日本领先的乳制品企业，致力于通过绿色低碳措施减少环境影响。

具体措施：①节能减排。在工厂推广节能技术和设备，降低能源消耗。②粪污资源化利用。将奶牛粪便转化为沼气和有机肥料，减少环境污染。③可持续包装。使用可回收和可降解的包装材料，减少塑料污染。

成效：雪印乳业通过绿色低碳措施显著减少了碳排放，并提升了产品的市场竞争力。

7. 澳大利亚：Murray Goulburn 的绿色牧场管理

案例概述：Murray Goulburn 是澳大利亚最大的乳制品合作社之一，致力于通过绿色牧场管理实现可持续发展。

具体措施：①再生农业。推广再生农业实践，如免耕种植和轮作，提高土壤碳汇能力。②水资源管理。采用节水技术和水资源循环利用系统，降低水资源消耗。③低碳养殖。通过优化饲料配方和改善牧场管理，减少奶牛甲烷排放。

成效：Murray Goulburn 通过绿色牧场管理显著减少了碳排放，并提升了牧场的可持续性。

六、加强韧性安全管理，构建动态监管评价机制

（一）加强风险预警和应急管理

建立健全风险预警机制。利用大数据、人工智能等技术，建立奶业产业链供应链风险预警平台，实时监测和分析风险因素，及时发布预警信息。加强对自然灾害、疫病疫情、市场波动等风险的监测预警。

完善应急管理体系。建立健全奶业应急管理体系，明确各部门职责，完善应急预案，定期开展应急演练。建立健全奶业应急物资储备体系，将奶业应急管理经费纳入财政预算，保障应急管理工作需要。通过多种渠道宣传普及奶业应急知识，提高公众风险防范意识和自救互救能力。

探索建立国家奶粉收储机制。明确蛋白质含量、微生物指标等奶粉质量等级和收储门槛，优先储备国产优质大包粉，兼顾应急需求与产业支持。建立原奶价格动态调整触发机制，当市场价低于成本价5%时启动

收储，当高于10％时定向投放，稳定奶农收益。加强资金管理，充分发挥行业协会作用，采用"中央财政专项拨款+企业代储补贴"模式，实行"政府委托、企业承储、行业协会监管"模式，确保收储资金专款专用。

（二）加强行业质量安全监管

完善质量安全标准体系。建立健全奶业产业链供应链质量安全标准体系，覆盖奶牛养殖、乳制品加工、包装运输等各个环节。修订奶业生产标准（如生乳菌落总数、体细胞数指标），对标国际先进水平。推广良好农业规范（GAP）、危害分析关键控制点（HACCP）体系，提升全产业链标准化水平。加强与国际标准的对接，提升中国奶业质量安全水平。

加强质量安全追溯体系建设。利用区块链、物联网等技术，建立奶业产业链供应链质量安全追溯体系，实现产品来源可查、去向可追、责任可究。鼓励企业建立内部质量安全追溯体系，提升质量安全管理水平。

加强质量安全监管执法。加大对奶业产业链供应链的监管力度，严厉打击违法违规行为，维护市场秩序。加强部门协作，形成监管合力。加强消费者权益保护，营造安全放心的消费环境。

（三）构建动态监管评价机制

建立动态监管指标体系。建立涵盖奶源安全、生产安全、质量安全、市场供应等方面的动态监管指标体系。定期对奶业产业链供应链进行动态评估，及时发现和解决问题。定期发布奶业监管报告，让社会公众能够及时了解奶业监管状态。

加强数据分析和应用。利用大数据、人工智能等技术，对奶业产业链供应链数据进行分析，为动态监管提供决策支持。建立奶业产业链供应链风险预警模型，提高风险预警能力。

完善监管评价机制。建立健全奶业产业链供应链监管评价机制，定期对监管效果进行评估。根据评估结果，不断完善监管措施，提高监管效能。

专栏6-4　世界部分国家（地区）提高奶业质量安全管理措施

1.新西兰：恒天然的全产业链质量管理

措施概述：新西兰是全球乳制品出口大国，恒天然作为其龙头企业，实施了严格的全产业链质量管理。

具体措施：①牧场管理。推广标准化养殖技术，确保原奶质量；定期对牧场进行审计和评估。②生产过程控制。采用HACCP体系，确保生产环节的安全。③质量追溯。建立从牧场到消费者的全程追溯系统，确保产品可追溯。④国际合作。遵循国际食品法典委员会（CAC）标准，并参与国际标准制定。

2.美国：严格的乳制品监管体系

措施概述：美国通过完善的法规和监管体系保障乳制品质量安全。

具体措施：①联邦法规。美国食品药品监督管理局（FDA）制定了《乳制品质量安全条例》（PMO），规范乳制品生产、加工和销售。②州级监管。各州设立专门的乳制品监管部门，定期对乳制品企业进行检查。③第三方认证。鼓励企业通过第三方认证（如ISO 22000）提升质量管理水平。④消费者教育。通过宣传和教育提高消费者对乳制品质量安全的认知。

3.欧盟：从农场到餐桌的全链条管理

措施概述：欧盟通过"从农场到餐桌"的全链条管理模式保障乳制品质量安全。

具体措施：①严格的生产标准。制定统一的乳制品生产标准，确保各成员执行一致。②质量追溯系统。建立覆盖全产业链的追溯系统，确保产品来源可查、去向可追。③定期检查与审计。对乳制品企业进行定期检查和审计，确保符合标准。④消费者保护。通过标签法规明确产品成分和来源，保障消费者知情权。

4.日本：严格的乳制品检验制度

措施概述：日本通过严格的检验制度和消费者教育保障乳制品质

量安全。

　　具体措施：①政府监管。厚生劳动省负责乳制品质量安全监管，定期对乳制品企业进行检查。②企业自律。乳制品企业建立内部质量管理体系，确保产品质量。③消费者教育。通过宣传和教育提高消费者对乳制品质量安全的认知。

参 考 文 献

邓淑华, 2024. 我国亟待建立奶牛商业化联合育种机制 [N]. 中国高新技术产业导报, 12-23(010).

国家乳业工程技术研究中心, 2025. 2024 年中国奶业有哪些值得关注的创新科技? [EB/OL]. (01-14)[2025-03-28].

国家乳业工程技术研究中心, 2025. 刚出了新产品, 又签约新合作! 伊利持续发力这一赛道 [EB/OL]. (01-16)[2025-03-28].

国家乳业技术创新中心, 2024. 突破乳品包装瓶颈, 乳业国创中心取得多项技术突破 [EB/OL]. (02-02)[2025-03-28].

国家乳业技术创新中心, 2024. 国家乳业技术创新中心欧洲创新中心在荷兰发布前沿创新成果 [EB/OL]. (05-07)[2025-03-28].

国家乳业技术创新中心, 2024. 国家乳业技术创新中心发布乳制品行业首个婴配粉专利白皮书 [EB/OL]. (06-01)[2025-03-28].

国家乳业技术创新中心, 2024. 从"破题"到"出圈"以"中国模式"助力"乳业强国"建设 [EB/OL]. (06-05)[2025-03-28].

国家乳业技术创新中心, 2024. 国内首创微波杀菌工艺设备评估体系 [EB/OL]. (09-11)[2025-03-28].

国家乳业技术创新中心, 2024. 自主创新! 乳业国创中心联合优然牧业赛科星, 突破奶牛育种"芯"技术 [EB/OL]. (11-25)[2025-03-28].

国家乳业技术创新中心, 2024.乳业国创中心与杭州准独角兽企业启动可持续包装孵化项目, 深化乳业 ESG 创新实践 [EB/OL]. (12-05)[2025-03-28].

国家乳业技术创新中心, 2025. 乳制品行业首个 AI 专利智能工具率先接入 DeepSeek 大模型 [EB/OL]. (02-08)[2025-03-28].

国家乳业技术创新中心, 2025.国家乳业技术创新中心申请专利 129 项 [EB/OL]. (02-10)[2025-03-28]. 金台资讯.

黑龙江省畜牧总站, 2024. 2024 年度全国奶牛生产性能测定 (DHI) 数据交流活动在哈尔滨召开 [EB/OL]. (12-23)[2025-03-28].

黄保续, 2024. 大力发展饲草产业 增加草畜产品供应 [EB/OL]. (11-28)[2025-03-28]. 中国农村网.

李萌, 肖震冬, 青木, 2024. 跻身第三大牛奶生产国, 中国如何突破饲草"卡脖子"？ [EB/OL]. (12-21)[2025-03-28]. 环球网.

李胜利, 姚琨, 刘长全, 等, 2024. 2023年度奶牛产业与技术发展报告 [J]. 中国畜牧杂志, 60(3): 338-341.

刘诗平, 2025. 我国奶牛平衡选育技术取得重大进展 [EB/OL]. (2025-02-06)[2025-03-28]. 新华网.

刘长全, 2025. 2024年中国奶业经济形势回顾及2025年展望与发展思考 [J]. 中国乳业 (2): 2-9.

乔金亮, 2024. 低迷, 遇冷, 奶业怎么了 [EB/OL]. (08-20)[2025-03-28]. 金融界.

田进, 2024. 乳企产能过剩寻解 [EB/OL]. (11-09)[2025-03-28]. 经济观察网.

徐佳雯, 2024. 全景式展现出海实力, 伊利打造中国乳业首部国际化发展微纪录片 [EB/OL]. (10-29)[2025-03-28]. 央广网.

杨晓晶, 2025. 2024全国牛奶产量TOP10报告发布 预计今年我国牛奶产量难有增长 [EB/OL]. (02-18)[2025-03-28]. 中国食品报观察.

伊利集团, 2024 伊利: 向管理要效益、用精益促发展, 破新局、开新篇 [EB/OL]. (12-11)[2025-03-28]. 红网.

佚名, 2023. 打造"草牧奶"全产业链奶牛"口粮"国产化正在提速 [J]. 今日畜牧兽医: 奶牛 (8): 24-25.

佚名, 2024. 斩获两项一等奖, 伊利引领中国乳业实现两大领域关键技术突破 [EB/OL]. (11-04)[2025-03-28]. 财经网.

张丽娜, 王靖, 安路蒙, 等, 2024. 存在五方面难题 我国奶业高质量发展还需爬坡过坎 [EB/OL]. (09-14)[2025-03-28]. 中国产业经济信息网.

中国奶业协会, 2024. 才汇江城: 五大养殖企业畅谈发展之策 [EB/OL]. (07-15)[2025-03-28].

中国奶业协会, 2024. 奶牛养殖提质增效培育新质生产力 [EB/OL]. (07-16)[2025-03-28].

中国奶业协会, 2024. 2024年第三季度奶牛生产性能测定情况 [EB/OL]. (12-06)[2025-03-28].

中国奶业协会, 2024. 突破年单产11吨, 伊利携手合作牧场引领奶牛单产新升级 [EB/OL]. (12-20)[2025-03-28].

中国奶业协会, 2025. 中国奶业经济月报2025年01月 [EB/OL]. (02-19)[2025-03-28].

中国乳制品工业协会, 2024. 中国乳制品行业2023年运行概况及下年度工作重点 [EB/OL]. (06-11)[2025-03-28].

图书在版编目（CIP）数据

中国奶业产业链供应链高质量发展战略研究 / 国研
网奶业高质量发展战略研究课题组著. -- 北京：中国农
业出版社，2025.6. -- ISBN 978-7-109-33419-9

Ⅰ.F426.82

中国国家版本馆CIP数据核字第2025PC9975号

中国奶业产业链供应链高质量发展战略研究
ZHONGGUO NAIYE CHANYELIAN GONGYINGLIAN
GAOZHILIANG FAZHAN ZHANLÜE YANJIU

中国农业出版社出版

地址：北京市朝阳区麦子店街18号楼

邮编：100125

责任编辑：边　疆　张潇逸

版式设计：杨　婧　责任校对：吴丽婷

印刷：中农印务有限公司

版次：2025年6月第1版

印次：2025年6月北京第1次印刷

发行：新华书店北京发行所

开本：700mm×1000mm 1/16

印张：11.25

字数：190千字

定价：88.00元